Silvia Wallimann

Die Umpolung

Silvia Wallimann

Die Umpolung

Vom Materiellen zum Geistigen

Verlag Hermann Bauer
Freiburg im Breisgau

Die Deutsche Bibliothek – CIP-Einheitsaufnahme

Wallimann, Silvia:
Die Umpolung : vom Materiellen zum Geistigen /
Silvia Wallimann. – 7. Aufl. – Freiburg im Breisgau : Bauer, 1995
    ISBN 3-7626-0361-8

Mit 10 Farbtafeln

7. Auflage 1995
ISBN 3-7626-0361-8
© 1988 by Verlag Hermann Bauer KG, Freiburg im Breisgau
Alle Rechte vorbehalten
Umschlagbild: Peter Wallimann
Satz: Typomedia Satztechnik GmbH, Scharnhausen
Druck und Bindung: Wiener Verlag GmbH, Himberg
Printed in Austria

Gedruckt auf chlorfrei gebleichtem Papier

Inhalt

Vorwort

Dies ist ein ungewöhnliches Buch, und ich hätte es allein nicht schreiben können. Seine erregenden Inhalte wurden mir aus Wirklichkeitsbereichen übermittelt, die uns üblicherweise verschlossen sind. Die eigentlichen Buchautoren, Intelligenzen aus höheren Bewußtseinsebenen, teilten sich in liebevoller Sorge um die Entwicklung der Menschheit mit. Was sie über uns, unsere Geschichte und unsere Zukunft zu sagen haben, sprengt den Rahmen unseres Denkens.

Wie bei keinem meiner früheren Bücher war ich innerlich von Zweifeln zerrissen, von Zweifeln nicht über die Wahrheit der Mitteilungen, sondern darüber, ob die Zeit schon reif sei, sie zu verbreiten. Doch in den Kundgaben selbst hieß es immer wieder, sie gehörten zur Entwicklung der kommenden Zeit, seien Hilfen, die den Menschen jetzt zufließen müßten. Schließlich akzeptierte ich meine Aufgabe als Vermittlerin, als »Instrument«, wie die Wesen aus diesen anderen Dimensionen gerne sagen, und stellte meine Bedenken zurück, so revolutionierend die Eröffnungen mir auch schienen.

An einer Stelle heißt es: »Die gegenwärtige Entwicklungsszene dieser Welt gleicht einer Bühne, deren Vorhang noch geschlossen ist. Dahinter aber herrscht reges Leben, wird viel geprobt.« Den Lichtwesen, die mit ihren hier veröffentlichten Texten einen Blick hinter diesen Vorhang ermöglichten, bin ich unendlich dankbar.

Anfänglich fragte ich mich, ob sich der Leser wohl auch für die Botschaften über unseren feinstofflichen Energiefluß interessiert, den er selbst noch nicht wahrnehmen kann und den die westliche Medizin gerade erst zu erforschen beginnt. Hier hat mich ermutigt, daß viele Menschen heute auf ihrer Suche nach natürlichen Heilweisen die Einheit von Körper, Seele und Geist wiederentdecken. Zum ganzheitlichen Verständnis unseres Wesens aber gehört das Wissen um jene Energiezentren, mit denen umzugehen – so eine der Botschaften – die Menschheit insgesamt in den vor uns liegenden Jahren lernen wird. So mag dieses Buch manchem als gedankliche Einübung in die allumfassende Veränderung dienen, die die Umpolung vom Materiellen zum Geistigen bringt. Wir alle haben die Chance, uns zu besinnen, wenn sich die Natur in den nächsten zehn bis fünfzehn Jahren deutlich regt und für jeden sichtbar das Neue Zeitalter ankündigt, das in etwa zwei Generationen seinen Durchbruch erreicht haben wird.

Nachdem das Manuskript dieses Buches bereits druckfertig vorlag, baten mich meine geistigen Freunde, meinem Vorwort noch die folgenden Hinweise anzufügen.

Die bevorstehenden Ereignisse sind nicht als Strafe, sondern als eine Botschaft der göttlichen Liebe zu verstehen. Wenn die unverkennbaren Zeichen der neuen Zeit wie gewaltige Fluten unsere Erde durchströmen und wenn unsere Antwort nicht Angst und Mißtrauen, sondern Liebe und Vertrauen ist, so sind wir im entscheidenden Augenblick fähig, uns vom göttlichen Willen lenken zu lassen; furchtlos erkennen wir dann die außerirdischen Hilfen. Unsere wachsende positive Einstellung sowie das innere Wissen um die Notwendigkeit der planetarischen Reinigung werden viele physische Katastrophen überflüssig machen.

Wir sollten uns nicht mit den Zweifeln des Verstandesbewußtseins quälen, sondern uns um die Erkenntnis bemühen, daß wir weder unser Verstand noch unser Körper sind. Nicht unser physischer Körper wird im Umbruch der Bewußtsein reaktionsfähig sein, sondern einzig und allein unser geistiges Wesen. Nutzen wir also die Zeit, vertiefen wir durch Gebet und Meditation den Kontakt zu unserem eigentlichen Sein. Gewiß, viele Körper werden sterben, aber die Wesen verlassen beim körperlichen Tod lediglich ihren Wohnsitz. Sie sind unsterblich. In welchem physischen Zustand sie ihre Weiterentwicklung erfahren, entscheiden bereits unsere heutigen Gedanken, unsere Erkenntnisse und unser Vertrauen in die barmherzige göttliche Fügung.

Die Lichteinstrahlung aus dem planetarischen Zeichen Wassermann auf die Erde erhöht die Frequenz alles feinstofflich Existierenden derart, daß diese Veränderung sichtbar auf den Menschen und die Materie übergreift. Wie nie zuvor wird sich der Mensch durch diese Umpolung seines göttlichen Selbst bewußt werden. Dieser Vorgang gleicht einem Erwachen aus tiefstem Schlaf, und die Freude darüber wird sehr groß sein. Wir sind dann nicht mehr gefangen in unseren materiellen Träumen, sondern erkennen die bis jetzt verborgenen Aspekte unseres Seins und ihre Bedeutung in der gesamtheitlichen Entwicklung.

Freuen wir uns auf die Chance, dem qualvollen Leben unserer kleinen subjektiven Welt endlich zu entfliehen. Halten wir uns an der Hoffnung fest, nicht mehr nur aus einem winzigen Teil unseres Selbst leben zu müssen. Der Drang nach Freiheit wird nicht mehr als unstillbare Sehnsucht die Gefühle unserer Seele trüben. In ungeahnter Weise werden wir die Freiheit als ein höchstes Glücksgefühl empfinden. Unsere höherentwickelten Bewußtsein werden uns zugänglich. Sie kennen nicht die Verstandeswelt der Illusionen und materiellen Wünsche. Im Neuen Zeitalter lösen sich deshalb die Grenzen von Raum und Zeit auf. Wir alle werden fähig sein, aus dieser neuen Wirklichkeit heraus zu leben.

Operative Eingriffe sind immer schmerzlich und in manchen Situationen die einzige Rettung. Freuen wir uns deshalb auf den göttlichen operativen Eingriff, der unserem Planeten und seinem vielfältigen Leben nicht nur eine heilbringende Zeit, sondern auch eine höhere geistige Entwicklung gewährleistet. Die göttliche Botschaft an uns Menschen ist Liebe.

Ein neuer Auftrag

Anfang Juli 1987 hatte ich mein vorangegangenes Buch *Das Wunder der Meditation* in Druck gegeben. Es war mein drittes Buch. Ich atmete auf und hoffte, wenigstens für eine gewisse Zeit frei zu sein von dem inneren Druck der Gedanken, der mich zum Schreiben getrieben hatte. Dieser Druck war mir noch allzu gegenwärtig: Immer schien mir mein Kopf wie vollgepreßt; ich konnte die zahlreichen, sich überstürzenden Gedanken und Eindrücke nie schnell genug zu Papier bringen. Einerseits bewegte mich ein tiefes Gefühl der Freude und Dankbarkeit über die immer neuen Inspirationen, andererseits bedrängte mich die ständige Sorge, ob es mir gelingen würde, die Botschaften meiner geistigen Freunde aus den anderen Dimensionen angemessen in Worte zu fassen. Worte schienen mir oft so ausdruckslos und kalt. Dieser Zwiespalt der Gefühle übertrug sich als Unruhe auch auf meinen Körper, und häufig lief ich dann rastlos durch die Wohnung. Als ich das Manuskript schließlich abgeliefert hatte, sehnte ich mich danach, das ganze Geschehen in Ruhe zu verarbeiten.

Doch schon nach wenigen Tagen bat mich mein geistiger Helfer, weiterhin für Durchgaben zur Verfügung zu stehen. Informationen für ein nächstes Buch würden mich in Tieftrance-Sitzungen, in Meditationen, aber auch im Schlaf erreichen, und nicht nur im nächtlichen Schlaf. Anfänglich wehrte sich mein Verstand dagegen. Ich glaubte, überarbeitet zu sein, und stellte für eine kurze Weile den neuen Auftrag in Frage. Auch wollte ich wirklich zunächst einfach Zeit für mich selbst haben. Aber

11

schließlich überwand ich meine Zweifel und ließ zu, daß auf diese neue Weise ein Buch entstehen konnte.

Der eigentliche Akt der Zustimmung geschah in einer nächtlichen Begegnung mit meinem Helfer. Dabei durchströmte mich eine unbeschreibliche Freude so stark, daß mein Körper vibrierte und ich darüber aufwachte. Bald darauf überfiel mich tagsüber oft eine heftige Müdigkeit. Zunächst versuchte ich, meinen Körper mit Vitaminen zu stärken. Dennoch häuften sich die Schlafanfälle. Das ging so weit, daß ich mich dann augenblicklich hinlegen mußte, wollte ich nicht stehend einschlafen. Mir wurde klar, daß dies mit der neuen Art, Botschaften zu empfangen, zusammenhing.

Kurzentschlossen mietete ich im August 1987 eine kleine Ferienwohnung auf einer abgelegenen Alm, wo ich ungestört Tag und Nacht für die neuen Ereignisse und Entwicklungen bereit sein konnte. Ich war gespannt, was in meinen Träumen und Meditationen durchkommen würde. Vertrauen erfüllte mich bei der Erinnerung an die wunderbaren Hilfen, die ich schon bei der Niederschrift von *Brücke ins Licht,* einem Sterbehilfe-Buch, aus der geistigen Welt empfangen hatte. Der Schlaf, ob nun tagsüber oder nachts, sollte für mich zum Abenteuer werden, und ich hoffe, daß die tiefe innere Bereicherung, die ich in den darauffolgenden Wochen erfahren durfte, sich auch den Lesern dieser Zeilen mitteilt.

Mein geistiger Helfer riet mir in einer Meditation, bei der Arbeit am neuen Buch viel zu trinken und möglichst wenig zu essen, wirklich nur das, was der Körper brauche. Die Arbeit werde um so besser vonstatten gehen, je geringer der Magen belastet werde. Auch sollte ich mich täglich mindestens eine halbe Stunde in der freien Natur aufhalten.

Er teilte mir mit, daß noch Einstellungen bei mir vorgenommen würden, da die Informationen, die geliefert werden sollten, aus ganz neuen Dimensionen und Sphären stammten. Die Einstellungen würden außerdem dazu beitragen, das Hungergefühl zu stillen.

Wenn ich »eingestellt« werde – einem Funkgerät vergleichbar, das auf Empfang geschaltet wird –, transformieren und erweitern meine geistigen Helfer alle meine feinstofflichen Körper und meine Energiezentren, die Chakras, um zusätzlichen, höheren Bewußtsein oder Wesenheiten zu ermöglichen, sich kundzutun. Jede Kommunikation mit anderen Bewußtseinsebenen läuft über die Chakras, die wie trichterförmige Blütenkelche in der Oberfläche des Ätherleibs eingebettet sind. Der Ätherleib überragt in seiner Ausdehnung unseren physischen Körper um etwa fünf Zentimeter. Die für das hellsichtige Auge wahrnehmbaren Chakras dienen nicht nur als Transformatoren der lebenswichtigen kosmischen Energien. Sie sind auch die Organe, die uns mit dem ganzen Geschehen im Universum, mit dem göttlichen Lebensstrom überhaupt verbinden. Es ist ein Kennzeichen des Neuen Zeitalters, daß jetzt immer mehr Menschen die Funktion ihrer feinstofflichen Organe und ihre Medialität entdecken, Verbindung mit Wesen aus anderen Dimensionen aufnehmen und dabei Einstellungen kennenlernen. Deshalb will ich ein wenig von meinen Erfahrungen mit Einstellungen berichten.

Wir können uns Einstellungen als Öffnung oder Erweiterung von Kanälen zur außersinnlichen Wahrnehmung vorstellen. Je nach Intensität und Häufigkeit der Einstellungen erhöht sich die Frequenz aller feinstofflichen Körper und unsere Resonanzfähigkeit. Wir werden aufnahmebereit und sensibel für stets weitere Wesenheiten, auch aus Sphären jenseits der astralen Welt. Durch die Einstellungen werden im Laufe der Zeit die verschiedensten Formen der außersinnlichen Wahrnehmung ausgebildet, wie zum Beispiel Hellsehen, Hellhören und Hellfühlen.

In meiner Klause auf der Alm versetzte ich mich einige Male willentlich in Tieftrance, weil ich aus Erfahrung wußte, daß es dadurch der geistigen Führung erleichtert wird, die Einstellungen vorzunehmen. Ich war froh und dankbar, in jahrelangen meditativen Übungen gelernt zu haben, mich durch Versenkung in solche anderen Bewußtseinszustände zu begeben. Bei Einstellungen in Tieftrance empfinde ich ganz deutlich, wie der Energiefluß meine Chakras durchströmt, und ich spüre förmlich, wie ihre Schwingungszahl erhöht wird. Aber nicht nur die Vibration in den Chakras selbst, sondern in allen feinstofflichen Körpern wird beschleunigt. Es ist eine Art Verstärkung des feinstofflichen Stromnetzes.

Körperlich spüre ich die Einstellungen vor allem im Kommunikationschakra, also im Halsenergiezentrum und dem damit verbundenen Genick. Manchmal erscheint das Halschakra sogar als eine Art Trichter vor meinem geistigen Auge, und ich kann beobachten, wie seine nach außen gerichtete Öffnung sich weitet. Während und nach der Einstellung sind Hustenreize und Kopfschmerzen keine Seltenheit. Oft auch fühle ich eine leichte Spannung in der Stirnpartie und eine Art Überdruck in den Ohren. Manchmal sehe ich das Lichtwesen, das die Einstellung vornimmt, sehe beispielsweise, wie es einen Energiestrahl von seinem geistigen Auge aus auf mein Stirnchakra oder mein Halszentrum richtet.

Die Frequenzerhöhungen durch die Einstellungen haben im Laufe der Zeit bewirkt, daß ich bei den Durchgaben nicht nur die Wesen aus den anderen Sphären als innere Stimmen vernehme, sondern daß ich das Gesagte zugleich in bewegten Bildern wie in einem Film illustriert vor mir sehe. Neuerdings kommt oft hinzu, daß ich die Erläuterungen als geschriebenen, fortlaufenden Text lesen kann.

Wenn ich in Trance Durchsagen für ein Buch erhalte, diktiere ich sie auf Tonband. Genauer gesagt geschieht folgendes: Ich als geistiges Wesen verlasse mit meinem Astralleib den physischen Körper, gebe ihn also frei, damit ein anderes Wesen schwingungsmäßig in ihn eintreten kann. Während ich in anderen

Dimensionen weile, sendet das Wesen Energie in Form von Schwingungen aus. Diese fließen über die Chakras und das Rükkenmark dem Gehirn zu, das sie dann in Worte der menschlichen Sprache umwandelt. Es ist also die Wesenheit, die durch mich als sprechendes Instrument den Text auf das Tonband diktiert, jeweils in der ihr eigenen, individuellen Stimmlage.

Wenn mir Informationen nur als innere Eindrücke oder nur in bewegten Bildern vermittelt werden, obliegt es mir, dies nachher in Worten auszudrücken. Erfolgt eine Durchsage als Diktat in Trance, bin ich zwar der Schwierigkeit enthoben, die häufig so schwer beschreibbaren Visionen zu formulieren. Gleichwohl habe ich die Erfahrung gemacht, daß ich dabei keineswegs nur Kanal für den Durchfluß von Botschaften bin. Vielmehr »arbeiten« die Informationen in mir und lösen wichtige, manchmal schmerzhafte innere Entwicklungsprozesse aus.

Bereits bei meinem Manuskript für *Das Wunder der Meditation* entwickelte sich die Fähigkeit, auch ohne Trance, mit geöffneten Augen, Texte zu hören. Wenn ich durch eine Fensterscheibe blickte und in der Natur einen Punkt fixierte, erschien zudem der Text vor meinen geöffneten Augen, so daß ich ihn ablesen und diktieren oder direkt mit der Maschine schreiben konnte. Und manchmal lief das Ganze gleichzeitig als Film vor meinem geistigen Auge ab. Bei der Verarbeitung eines Textes kommt es vor, daß ich parallel dazu noch Informationen für mich oder andere erhalte, an einer geistigen Schulung im Astralbereich teilhaben darf oder mit anderen Helfern Themen des nächstfolgenden Kapitels bespreche. In diesem erweiterten Bewußtseinszustand erlebe ich wie nie sonst, daß der Mensch ein multidimensionales Wesen ist, dessen verschiedene Teile oder Bewußtsein sich gleichzeitig jeweils anderen Tätigkeiten oder Wahrnehmungen in unterschiedlichsten Dimensionen widmen können.

Bei der ersten Einstellung, die ich auf der Alm erfuhr, meldete sich, nachdem ich das Tonaufnahmegerät eingeschaltet und mich in Tieftrance begeben hatte, ein Wesen, das sich als namenlos bezeichnete. Es zählt zu jenen höheren Wesenheiten, die aus dem Licht, aus dem reinen Bewußtsein kommen und keine Persönlichkeit im eigentlichen Sinne haben, die sie von der Einheit allen Seins, vom Bewußtsein des Schöpfers trennt – auch wenn sie, um sich uns verständlich zu machen, in der Ich-Form sprechen. In Wirklichkeit sind sie ein Funke des Lichts, reinste Schwingung der Liebe, ein Aspekt des unteilbaren Seins und als solcher formlos. Nur wenn sie sich in ihrer Liebe uns Menschen mitteilen wollen, entsteht ihre individuelle Persönlichkeit, nehmen sie eine Gestalt an, die für das hellsichtige Auge wahrnehmbar ist, um danach wieder in den unmanifestierten Zustand, in das eine, unbeschreibliche Licht des Urgrunds einzutauchen, wo es keine Namen, keine begrenzenden Ausdrucksformen gibt, nur Freude, Liebe, Vollkommenheit und Erfüllung.

Die menschliche Sprache reicht nicht aus zu schildern, wie ich die Anwesenheit eines solchen Wesens empfinde, dessen Schwingungen als Freude und Wonne jede Zelle, jede Faser, jeden Muskel durchdringen und mich verzücken. Dieses tiefgreifende Gefühl ist so übermächtig, daß ich für den Fluß der Freudentränen dankbar bin, mit dem ich diese Emotionen ertragen und ausgleichen kann.

Das Wesen erklärte, daß es mich nur mit einem winzigen Bruchteil seiner Energie durchströme, weil sonst mein Körper wie vom Feuer eines Blitzes verbrannt würde. Das Bewußtsein, das später den Text diktieren werde, sei einer Dimension des Sternbilds Orion zugehörig und werde sich über einen ganz neuen, vorher nie benutzten Kanal mitteilen. Mein feinstofflicher Energiekreislauf werde nun in diesem Augenblick auf Empfang geschaltet, um nach einigen Stunden in der Lage zu sein, die Schwingungen dieses anderen außerirdischen Bewußtseins aufzunehmen. Seine Durchsage ist im folgenden Kapitel wiedergegeben und macht deutlich, welche Veränderungen auf uns zukommen, zum Teil schon in den nächsten zehn bis fünfzehn Jahren, und wie wichtig dabei für alle Menschen die Kenntnis der feinstofflichen Realitäten sein wird.

Ich möchte den Leser noch vorab darauf hinweisen, daß einige Themen mehrfach behandelt werden, in Botschaften aus verschiedenen geistigen Quellen. Solche Wiederholungen habe ich nicht gestrichen, weil ich glaube, daß die uns häufig noch so fremden Gedankengänge dieses Buches sich durch unterschiedliche Formulierungen und Annäherungen leichter erschließen. Da, wie sich immer wieder zeigt, jede Wesenheit alle vorher von anderen Wesenheiten gemachten Mitteilungen kennt, dürfen wir auch davon ausgehen, daß mit den Wiederholungen die Absicht verfolgt wird, uns bestimmte Informationen mit besonderem Nachdruck zu vermitteln.

Schließlich sind Worte, von Lichtwesen gesprochen, nicht nur Worte, sondern ganz besondere Schwingungen, die auch den geschriebenen Buchstaben anhaften. Diese Schwingungen sprechen die Saiten unserer Seele an und lösen ganz bestimmte Wirkungen in unserem höheren Bewußtsein aus. Bei bestimmten Texten wiederholen sich sogar einzelne Sätze. Ich zweifle nicht daran, daß ihre Energie sich verstärkt auf den Leser übertragen wird.

Entwicklungen im Neuen Zeitalter

Die Wesenheit vom Sternbild Orion, die das folgende Kapitel in mehreren aufeinanderfolgenden Sitzungen diktierte, bediente sich meiner nicht als Sprachrohr für sich, sondern versetzte sich in meine Rolle als Schreibende und formulierte ihr Wissen, als käme es von mir. Wenn also beispielsweise von »unserem« Planeten die Rede ist, bezieht sich dies auf unsere Erde, nicht auf den Heimatplaneten dieser Wesenheit.

Sie sprach den Leser mit du an, wie es die geistige Welt im Verkehr mit Menschen immer tut. Ich glaube im übrigen, daß es in Zukunft das trennende Sie in keiner Sprache mehr geben wird.

Bevor ich mich versenkte, stellte ich das Tonaufzeichnungsgerät an. Nach der Sitzung war ich jedesmal gespannt, welchen Text ich auf der Kassette vorfinden würde.

Noch immer durchdringen negative Gedankenenergien des letzten Weltkriegs unseren Planeten bis hin zur dritten Astraldimension und versuchen, sich in niederen, artgleichen Bewußtseinsstrukturen zu verwirklichen. Dies ist mitverantwortlich für viele seelische Störungen beim Menschen und für die geistige Umweltverschmutzung, die wiederum zu Schäden in der Natur führt. Wenn ein Krieg vorüber ist, muß das angesammelte Gedankengut gereinigt werden. Sonst ist es für die wenigsten Menschen möglich, von einer Stunde zur anderen vom Krieg in den Frieden hinüberzuwechseln. Viele menschliche Bewußtsein sind über die langen Jahre hinweg immer noch in den Schwingungen der Machtgier, der Rache und des Hasses befangen. Da der freie Wille der Menschen im Plan Gottes mit enthalten ist, können ihre Gedanken und Handlungen Gutes wie Böses erzeugen. Wir Menschen bleiben aber, auch wenn unser Verstand noch nicht erleuchtet genug ist, dies zu erkennen, in unserem inneren Wesen immer vom göttlichen Bewußtsein durchdrungen. Deshalb liegt es in unserer Bestimmung, im Laufe der Zeit an die Pforte des Lichtes zurückgeführt zu werden. Diese Zeit ist jetzt.

Hauptsächlich in der Nachkriegszeit haben sich, über die ganze Erde verteilt, höher entwickelte Bewußtsein wiederverkörpert. Diese Menschen haben ihr Leben ausschließlich in den Dienst des geistigen Gesetzes gestellt, das heißt, sie sind Träger der Liebe und des Lichtes. In etwa zehn bis fünfzehn Jahren, also um das Jahr Zweitausend, wird die Entwicklung so weit vorangeschritten sein, daß das Bewußtsein der Menschen des Neuen Zeitalters, deren Wirken jetzt noch im Verborgenen liegt, an die Oberfläche des kollektiven Bewußtseins kommt. Die schrecklichen, sehr niedrigen Bewußtseinspartikel negativer Gedankenenergien erleben dann eine Art Eiszeit. Es wird ihnen nicht mehr möglich sein, artgleiche Bewußtseinsteile zu finden, um sich mit ihnen zusammenzutun und sich zu entwickeln. Ihre negative, dem Menschen meist nicht bewußte Kultur wird im Laufe des göttlich-geistigen Zeitalters gänzlich aussterben.

Das kollektive Verstandesdenken der Menschen, das jetzt noch als ein negatives Energiefeld die Erdhülle umschließt, ist wie eine undurchdringliche Eisschicht, die im Wassermann-Zeitalter durch die verstärkte kosmische Einstrahlung auf unsere Erde zum Schmelzen gebracht wird. Mehr und mehr fließen dann von höher entwickelten geistigen Wesenheiten in anderen Sphären heilende Energien unserer Welt zu, und nach der großen Reinigung des Planeten wird er von diesen harmonisierenden Schwingungen durchströmt. Und die höhere geistige Erkenntnis setzt sich auf dem ganzen Erdball als Licht durch.

Die Menschen, die sich im Bewußtsein des Neuen Zeitalters den höheren Schwingungen geöffnet haben, treten für alle sichtbar in Erscheinung. Ihre Wirkung auf andere, ihre Ausstrahlung sind dermaßen schön und beeindruckend, daß alle alten Gesetze und Verhaltensweisen von dieser Kraft überstrahlt und die niedrigen Geltungstriebe im Erinnerungsbewußtsein der Masse ausgelöscht werden. Dieser Prozeß findet bei den vielen Menschen statt, die sich im Laufe der Zeit durch Entbehrungen körperlicher und seelischer Art, durch Schmerzen und Leid, durch Opferbereitschaft und Liebe auf diese neue Zeit vorbereitet haben.

Alle übrigen, die durch ihre Eigensucht mit Taubheit und Blindheit geschlagen sind, werden von diesem Licht in ihrer Seele geblendet. Jedoch entscheidet ihr freier Wille, welchen Weg sie einschlagen, wenn auch die Folgen ihrer Entscheidung vorgegeben sind. Verharren sie mit ihrem verstandesmäßigen Willen im Egoismus, erhebt sich ihr eigenes geistiges Wesen machtvoll dagegen, und die körperliche Hülle zerfällt zu Staub. Dies bedeutet, daß an jener Wende der Zeiten unzählige Menschen ihren Tempel, den Körper, gemäß dieser Entscheidung ihres freien, verstandesmäßigen Willens aufgeben. Nicht das geistige Wesen, das im Begriff ist, den Körper zu verlassen, wird schreien und wehklagen; schreien und wehklagen wird das Verstandesbewußtsein, solange der Geist es noch belebt.

So wie Jesus dem Schächer am Kreuz Erlösung verhieß, haben alle, die in letzter Minute echte Reue empfinden und nicht nur aus Angst um die Verzeihung Gottes bitten, die Chance, in lichtere Sphären zu gelangen. Dort können sie, anders als in den ganz dunklen Bewußtseinsebenen der Reuelosen, ihre Fehler durch gute Taten abgelten, indem sie uneigennützig lieben und allem Leben dienen. Die Reue ermöglicht es ihm, sich freudig und dankbar in den Dienst der Nächstenliebe zu stellen und zu geistigen Helfern anderer Wesen und zu Schutzengeln von Menschen zu werden.

Nach der großen Reinigung der Erde durchzieht eine dumpfe Stille die Welt. Aber nur für kurze Zeit. Die Menschen des neuen Geistes, die die Kräfte der Elemente beherrschen, lösen die toten Leiber auf. Sie dematerialisieren sie, so daß es keiner Bestattung bedarf. Diejenigen, die ihre Leiber zurückgelassen haben, werden in ihren feinstofflichen Astralkörpern von Hirten des Lichtes, liebevollen hellen Wesen, den Planeten eines anderen Sonnensystems zugeführt. Auf ihnen herrschen energetische Konstellationen, die ihrem Entwicklungsstand und in etwa der bisherigen Schwingungsfrequenz unserer Erde entsprechen. Dort können sie sich in ihren feinstofflichen Hüllen, die sich den neuen Gegebenheiten anpassen, weiterentwickeln.

Die Farben ihrer Astralkleider sind zunächst dunkel und dumpf, bis die in ihnen sich entwickelnden Bewußtsein, bis die in ihnen sich entwickelnden Energieformen reinere Gedanken und Handlungen in ihre Leiber hineinzustrahlen vermögen. Jeder ehrlich gemeinte und ausgeführte geistige Willensimpuls verleiht dem feinstofflichen Gewand Leuchtkraft. Es gibt dann auch Wesen, die sich ausschließlich in der grauen Zone der Astraldimension weiterentwickeln wollen, in jener Zone also, die wir allgemein als das Fegefeuer bezeichnen.

Obwohl die Wiederkunft des Christuslichtes zur Zeitenwende die Menschen des Lichtes und der Dunkelheit voneinander scheidet, bleibt Gott allen gleich nah. Seine Liebe kennt keine ewige Verdammnis, die nichts als eine teuflische Erfindung der Menschen ist. Es sind die Entwicklungswege, die sich trennen, aber nach dem Plan Gottes führen alle Wege schließlich zurück in die göttliche Heimat, aus der wir alle stammen.

Die Frage könnte auftauchen, warum höherentwickelte Wesen, Menschen des Neuen Zeitalters, sich in Körpern weiterentwickeln, obwohl es doch andere, feinstofflichere Möglichkeiten gibt. Die Welt, in der wir Menschen leben, hat ihre Ursache im freien Willen der göttlichen Wesenheiten, die sich bewußtseinsmäßig von der Einheit trennten. Zu diesen Wesenheiten zählen auch die Menschen unserer Erde. Gott ließ es zu, daß ihre schöpferische Gedankenkraft die materielle Welt schuf, damit sie in ihr Erfahrungen sammeln und sich in ihr entwickeln konnten. Aber es ist der Wille des geistigen Gesetzes, daß die dichte Materie im Laufe langer Entwicklungen in ihrer feinstofflichen Existenz erkannt und wieder in transparente, feinstoffliche Erscheinungsformen umgewandelt wird. So wie alle Materie, die Galaxien, Sonnen und Planeten bis hin zu unserer Natur durch die schöpferische Kraft der Gedanken und ihr Zusammenwirken mit den Elementen Feuer, Wasser, Luft und Erde entstanden, so muß der Mensch, wenn er wieder gelernt hat, mit diesen Kräften umzugehen, die Materie in ihren Urstand zurückführen. Die Zeitenwende ist der Beginn dieser Umkehr.[1]

Wer verwundert ist zu hören, daß die aus der Einheit gefallenen Götter die Welt schufen, muß bedenken, daß diese Wesenheiten eine Ausdrucksform, einen Aspekt des ewigen Geistes darstellen. Deshalb kann man auch sagen, Gott schuf die Welten – durch sie. In unserer gegenwärtigen Entwicklung glauben wir oft, wir seien losgelöst von Gott, würden als von ihm abgetrennte Geschöpfe existieren. Die Menschen der neuen Zeit leben in der Erkenntnis, daß auch ihr eigenständiges, gefallenes Bewußtsein vom Geist Gottes durchdrungen ist; sie identifizieren sich nicht mehr fälschlich mit ihrem materiellen Sein, dem Körper.

Du, der du als Mensch lebst und dieses liest, hast vielleicht ein Auto. Aber du bist nicht das Auto; und so wie du ein Auto hast, besitzt du einen Körper. Aber du bist nicht der Körper, sondern du bist Geist. Der Körper ist nur ein Fahrzeug für eine bestimmte Wegstrecke. Dieses Bewußtsein in den Mitmenschen zu wecken, es auszubreiten wie Feuer, das nicht zu löschen ist,

---

[1] Vergleiche das Kapitel über Mikro- und Makrokosmos in *Das Wunder der Meditation*.

22

gehört zu deiner Aufgabe; denn nur wenn die Menschen erkennen, daß sie nicht ihr Körper sind, wird die Gnade und die Liebe Gottes sie von ihrer inneren Taubheit erlösen. Erst dann ist ihr geistiges Wesen fähig, auf einem bestimmten Frequenzbereich den Verstand zu erreichen und das Ego zu führen.

Wenn sich die Geburt des Neuen Zeitalters vollzieht und das Licht des neuen Bewußtseins unseren Planeten erhellt, kommen außerirdische Wesen dem Menschen zu Hilfe. Diese Tatsache ist für uns heute so wenig nachzuvollziehen wie für den Höhlenbewohner von einst der Gedanke, daß ein Flugzeug von einem Kontinent zum anderen fliegt. Jene Kluft zwischen dem Höhlenbewohner und der heutigen technischen Entwicklung liegt im Verstand und seinem Begreifen. So wie sich die Höhlenbewohner unsere heutige Lebensweise nicht hätten vorstellen können, so wenig verstehen wir die Auswirkungen des Neuen Zeitalters, die Auswirkungen des neuen Bewußtseins. Da wir Menschen kaum Zugang zu unseren geistigen Kräften haben, kaum mit ihnen umgehen können, dürfte es auch für den Verstand nicht schwer sein einzugestehen, daß seine Sicht wirklich sehr begrenzt ist.

Was weiß er schon von der Kraft der Gedanken? Sie zerfließen nicht einfach in nichts. Sie sind schöpferische Energien, sie ballen sich zusammen, und durch die Kraft des freien Willens im Menschen verwirklichen sie sich im guten wie im bösen Sinne. Wenn sich ein heftiges Unwetter, das sich lange vorbereitet hat, schließlich entlädt, kann es an einer Stelle, wo vorher nichts als Geröll war, eine reißende Flut entstehen lassen. Wer denkt in einer Trockenperiode schon daran?

Wenn der Planet Erde unter Schmerzen von den Fehlentwicklungen des Materialismus gesäubert ist und der geistige freie Wille des menschlichen Wesens das Handeln bestimmt, wird der Entwicklungsweg keineswegs unbeschwerlich sein; denn solange das äußere Selbst sich nicht mit dem göttlichen Selbst vereinigt, bleibt Leiden, wenn auch in anderen Formen und Auswirkungen, bestehen. Ob in dieser oder in anderen Welten: Alles, was wirkliche Weiterentwicklung, also echtes Leben darstellt, bedeutet Überwindung und Anstrengung, ist mit der Lösung von Aufgaben verbunden, an denen wir wachsen. Wenn wir unsere Aufgaben als leicht empfinden, handelt es sich nur um Ruhepausen auf unserem Weg. So wie heute körperliche Krankheiten und Disharmonien auf uns lasten, wird in der neuen Zeit das verpflichtende Wissen auf allen noch nicht in Licht umgewandelten Bewußtsein lasten. Doch die Entwicklungen finden auf einem ganz anderen Frequenzniveau statt.

Vor allem aber erwachen wir, wie ich schon sagte, in jenem Augenblick der kollektiven Bewußtseinsverwandlung wieder zur Wahrheit unserer wirklichen geistigen Natur. Es ist die stärkere kosmische Energieeinstrahlung, die die Frequenz in unseren Chakras derart erhöht, daß gewaltige Energien sich mit der Kraft eines Blitzes im Gehirn entladen und schlagartig die Verstandesgrenzen sprengen. Es ist die Wirkung des heiligen Geistes, die diesen Bewußtseinssprung ermöglicht. Wir legen die begrenzten Auffassungen von uns selbst wie alte, verschlissene Kleider ab und erkennen, daß wir mehr sind als physische Form, eingesperrt in Raum und Zeit. Wir besiegen die Illusion, wir seien von der göttlichen Quelle abgetrennt, und stoßen zu der Erkenntnis durch, daß wir in Wirklichkeit eins sind mit dem göttlichen Sein, Geist vom Geiste Gottes. Wenn die Erde vom Unrat des Materialismus gereinigt ist, wenn die niedrigen Bewußtsein keine schleimigen Spuren mehr ziehen, wenn der geistige Wille das Zepter führt, finden wir wieder zu Gott in uns.

Als einzelne vollziehen viele diesen Schritt schon jetzt, gehen als Lichtträger voran. Sie hören den Flügelschlag ihrer Seele, der sie hinausträgt in die wellenartigen Schwingungen des Lichtes und der Hoffnung. Sie spüren in sich die Kraft, die Sorgen und Nöte des Gestern hinter sich zu lassen. Sie empfinden den

Atem Gottes, wenn ihr Blick sich dem Horizont öffnet. Und wann immer sie die Schönheit einer Blume betrachten, die Sprache des Windes, das Rauschen der Natur in sich aufnehmen, wissen sie, daß der Strom Gottes alles Leben durchfließt und sie ein winzig kleiner Wassertropfen in diesem unendlichen Ozean sind. Mit dieser Erkenntnis gewinnen sie die Kraft, alles zu ertragen und niemals aufzugeben, welche Blitzschläge des Leids sie auch immer treffen mögen.

Das Bewußtsein in den Menschen dieses Neuen Zeitalters wird sich hauptsächlich aus der Kraft des heiligen Geistes, des Geistes Gottes entwickeln. Wenn wir dann zurückblicken, werden wir kaum mehr verstehen können, daß wir die Welt nur mit unseren fünf Sinnen wahrgenommen haben. Der Wahrheitsbegriff unserer Wissenschaft wird nur noch ein dunkler, der Vergangenheit angehöriger Schatten sein. Viele heute noch verfemte Erkenntnisse alter Weisheitslehren werden wie Sterne am Horizont des neuen Bewußtseins leuchten.

Wie in der Natur unter veränderten Bedingungen neue Pflanzen entstehen, wächst im Wassermann-Zeitalter ein neuer Mensch heran. Die Kraft des geistigen Willens führt den eitlen, beschränkten Verstand zu höheren Einsichten. Die Trennung von Verstand und Intuition wird aufgehoben. Das geistige Wesen, das wir sind, lenkt den Verstand und den Körper. So kommt es zur Einheit des Körpers und des in ihm wohnenden Wesens. Unser Körper ist Ängsten nicht mehr hilflos ausgeliefert, und er muß sich deshalb nicht mehr über Krankheiten zur Wehr setzen. Wie schon gesagt, wäre es falsch anzunehmen, daß dann wie von selbst ein paradiesischer Zustand auf dieser Welt herrschte. Das Hohe Selbst fordert von den irdischen Dienern des Lichtes ein sehr verantwortungsvolles Handeln, absolute Opferbereitschaft und bedingungslose Nächstenliebe. Der Weg zurück zum göttlichen Ursprung ist weit, doch die Schritte, die wir dann tun können, tun wir mit neuer Bewußtheit.

Wir dürfen aber nicht glauben, daß die sich gleichzeitig entwickelnden Mächte der Dunkelheit schlafen. Sie setzen weiterhin alles daran, Seelen aus dem Licht in die Dunkelheit zu ziehen; so ist auch diese neue Kultur wiederum in zwei Lager gespalten. Die Menschen des Neuen Zeitalters jedoch bauen mit ihrer Gedankenenergie dort, wo vorher die Eisschicht des Verstandes die höheren Einstrahlungen verhinderte, ein energetisches Schutzfeld um die Erde auf. Es hält vor allem in den Anfängen dieser Epoche die Mächte der dunklen Zonen von diesem Planeten Erde fern. Während dieser Zeit regenerieren sich nicht nur die Menschen, sondern auch die ganze Natur und die mit ihr in Wechselwirkung verbundenen kosmischen Energien.

Im weiteren Verlauf dieser Epoche regen die Kräfte des Dunkeln sich wieder stärker. Aber die Menschen des Lichts erzeugen auch auf der Erde selbst dermaßen starke Schwingungsfelder, daß energetische Schranken die mutwillig Bösen von ihren Wohngebieten fernhalten. Die niedrigen Bewußtsein empfinden diese positive Ausstrahlung als Quelle körperlichen Schmerzes und als Grenze, die sie nicht überschreiten können. So ist in den von höher entwickelten Menschen bewohnten Städten und Ländern eine friedvolle ganzheitliche Entwicklung gewährleistet.

Solange der Mensch sich noch auf dem Weg zurück in die Einheit befindet, löst er sich nach und nach aus der Polarität von Gut und Böse, von Freud und Leid, von Hell und Dunkel. Als die eigenständigen Bewußtsein die Einheit verließen, die wir auch Gottvater nennen, gerieten sie in die Dualität, in die Polarität. Infolge ihres freien göttlichen Willens entfernten sie sich von den Schwingungen der göttlichen Harmonie und begaben sich in das Spiel der Erfahrungen. Polarität ist die Erfahrung der Getrenntheit, der Disharmonie.

In Wahrheit ist die Polarität eine Illusion, denn diese eigenständigen Bewußtsein, wir Menschen also, sind immer Funken des göttlichen Lichts geblieben, Teilhaber des einen Seins. Deshalb können wir Menschen auch in der physischen Hülle aus dem Christusbewußtsein heraus – oder wie immer wir das göttliche Licht in uns nennen wollen – sagen: »Ich und der Vater sind eins.« Wir waren nie getrennt. Aber das Gefühl der Getrenntheit bewirkt die »reale« Erfahrung von Angst, Krankheit und Leid. Die Illusion ist also eine schmerzhafte.

Wenn im Neuen Zeitalter die Polarität auch nicht aufgehoben wird, entdeckt die Menschheit doch die Zusammengehörigkeit der beiden Pole, die sie als zwei Seiten derselben Sache erkennt. So überwindet sie die Polarität wenigstens in ihrer Vorstellung, und sie wirkt sich nicht mehr negativ auf die menschlichen Handlungen aus. Es gibt keine Kriege im herkömmlichen Sinne, keine mit Waffengewalt ausgetragenen Streitigkeiten mehr. Wenn auch die Welt nicht frei ist von seelischen Qualen, die einzelne als Krankheit empfinden, so gehören doch die körperlichen Krankheiten der Vergangenheit an.

Während es den Menschen heute hauptsächlich um Macht und Geld geht, werden künftig alle Entwicklungen aus dem geistigen Willen heraus betrieben. Auch im Neuen Zeitalter gibt es Randgruppen, die versuchen, andere zu dominieren. Diese Haltung bietet nach so vielen positiven Umwandlungsprozessen den Mächten der Dunkelheit wieder eine Öffnung, so daß sie teilweise aus dem Astralbereich, aber auch aus anderen Dimensionen auf labile Menschen einwirken können. Da es viel mehr als heute darum geht, wer entwicklungsmäßig und nicht materiell weiter vorangekommen ist, geraten selbst fortgeschrittene Bewußtsein in die uns Menschen bekannte Versuchung, Urteile über andere zu fällen, und manche erliegen ihr. Jene Menschen aber, die sich dazu bekennen, im Frieden und im Licht zu bleiben, werden schließlich auch in den noch wenig entwickelten Menschen den Funken des göttlichen Lichts entzünden. Das Licht wird siegen.

Große, heute für uns noch unvorstellbare Entwicklungen vollziehen sich in einem Zeitraum von etwa 1200 Jahren. Dieses jetzt beginnende Zeitalter ist jenes Äon, das in früheren Prophezeiungen als das »Tausendjährige Reich« angekündigt wurde[1] und von dem es heißt, daß die Wölfe bei den Lämmern weiden.[2] Die Menschen des erwachten Christusbewußtseins – und sie sind überall unabhängig von ihrer Religion zu finden – tun viele Dinge, die wir heute noch als Wunder bezeichnen. Sie lernen, mit den Elementen umzugehen, dem Wind oder dem Sturm Einhalt zu gebieten und hohe Wellen zur Ruhe zu bringen. Viele haben auch Zugang zur Sprache der Tiere, da das ganzheitliche Bewußtsein, das die Natur, die Tiere und das Mineralreich einschließt, für sie kein Geheimnis mehr ist.

Die höher entwickelten Menschen können mit Leichtigkeit ihren Tempel, den Körper, verlassen. Bewußt ausgeführte Reisen im Astralkörper gehören zur Alltäglichkeit. Häufig finden Kontakte mit seelenverwandten Wesen statt. Selbst der Zugang zu Wesen außerhalb dieses Planeten ist für diese Menschen eine Selbstverständlichkeit. Sie sind in der Lage, gleichzeitig an mehreren Orten zu wirken, sich zu entwickeln und unterschiedliche Aufgaben zu erfüllen. So wie wir jetzt, wenn der Arbeitstag beendet ist, abends nach Hause kommen, kehren sie in ihre Körper heim.

Jene Menschen, die diese Entwicklungsmöglichkeiten nicht nutzen wollen, verweigern sich selbst den Austritt aus dem Körper. Sie sind weiter an ihn gebunden, empfinden ihn als große Last, beugen sich aber unter der schweren Bürde. Sie neigen dazu, ihre Kräfte untereinander auszuspielen, sich auch mit Kräften der Dunkelheit zu verbünden in dem Glauben, daß diese sie stark machen. Doch auch die Menschen mit niedrigem

[1] Geheime Offenbarung 20,1-6
[2] Jesaja 11,6

Bewußtsein sind in ihrer Entwicklung immerhin so weit fortgeschritten, daß sie andere nicht mehr tätlich angreifen. Die Menschen auf der lichten Seite setzen alles daran, sie in Liebe aufzuklären.

Mit einer weiteren Mitteilung möchte ich die heute Lebenden auf das Künftige vorbereiten, mag sich auch ihr Verstand noch vehement dagegen sperren. Es gibt im Neuen Zeitalter Menschen, die sich mit außerirdischen Wesen vermählen; ihre Kinder kommen mit einer größeren Zahl von Chakras zur Welt und können auf ganz neue Art kosmische Energie aufnehmen und verwerten. Zum Beispiel genügt ein Blick von ihnen auf einen Gegenstand, um ihn zu schmelzen oder zu verwandeln. Durch die Vermählung von außerirdischen Wesenheiten mit irdischen Menschen verfügen die Neugeborenen zunächst über zwei zusätzliche Energiezentren. Später kommen weitere hinzu. Die Schicht des Ätherkörpers, die bei uns noch in einer Dicke von etwa drei bis fünf Zentimetern den physischen Körper umhüllt, vergrößert sich um fast das Doppelte. Die neuen Chakras ermöglichen es einer entwickelten Wesenheit, die kosmischen Energien anzuwenden, also beispielsweise körperliche Krankheiten auf der Stelle aufzulösen, wenn sie bei weniger entwickelten Menschen ausnahmsweise noch einmal auftreten sollten.

Mir ist durchaus bewußt, daß diese Äußerungen dem heutigen Menschen märchenhaft vorkommen. Doch die Entwicklung geht in noch gigantischeren Schritten weiter. Mein Hohes Selbst sieht jetzt schon mit einem lachenden Auge, wie die Leser sich mit den diktierten Texten auseinandersetzen. Diejenigen, die diese Zeilen nicht nur mit ihrem Verstand lesen, sondern auch auf ihr eigenes Hohes Selbst hören, werden diese Entwicklungsmöglichkeiten keineswegs für absurd halten; sie finden die Wahrheit dieser Worte in ihrem Unterbewußtsein. Wenn jene Zeit gekommen ist, werden sie und auch ich freiwillig reinkarnieren und denen, die forschend diese Fortschritte zu verstehen versuchen, behilflich sein. Es wird also ein Wiedersehen geben, und ich spüre bereits jetzt den Pulsschlag der Freude darüber in meinem Wesen.

Die Chakras sind in Zukunft ganz anders im Ätherkörper verteilt als heute. Doch das ist jetzt nicht von Bedeutung. Wichtig zu wissen erscheint mir, daß es den menschlichen Wesen künftig gegeben ist, die Kraft des Geistes zu erkennen und sie im Dienste der Liebe und der ganzheitlichen Entwicklung anzuwenden. Die Kraft des Geistes überwindet jegliche Distanz. Die Menschen, die auf der Seite des Lichtes und aus dem geistigen Willen heraus sich weiterentwickeln, besitzen die Fähigkeit, in ihren feinstofflichen Körpern, wie ich schon erwähnte, andere Sternkonstellationen zu bereisen. Und es ist den in ihrem Umkreis Lebenden möglich, in ganz natürlicher Weise dieses feinstoffliche Geschehen auch mit den physischen Augen zu beobachten. Lediglich diejenigen, die immer noch an ihre Körper gefesselt sind, bemühen sich weiterhin um die Entwicklung von Maschinen und Flugobjekten. Sie haben nicht den Weitblick, die andere Entwicklung zu erkennen.

Oftmals haben wir Menschen die Vorstellung, es wäre für unsere Entwicklung leichter, wenn wir die Zeit des Alten und des Neuen Testamentes zurückholen könnten, als Propheten uns vorangingen, als Heilige uns ein Beispiel gaben, als Jesus Christus, das Bewußtsein Gottes und sein Heiliger Geist, unsere physischen Körper berührten. Wir glauben, wir könnten der Stimme Gottes besser folgen, wenn wir solche Beispiele greifbar vor uns hätten. Diese Gedankenenergie hat sich in den letzten Jahrhunderten so verstärkt, daß sie im Neuen Zeitalter Realität wird.

Propheten und Heilige sind dann die großen Vorbilder auf der Erde. Doch erkennen die sich entwickelnden Menschen schließlich, daß diese Stützen, die sie sich gewünscht haben, die eigentliche Sehnsucht nach Gott nicht stillen können. Und im ewigen Kreislauf der Entwicklung verglühen diese großen Gestalten wieder wie Sterne am Himmel. Und die Einsicht setzt sich durch, daß Gott in uns ist. Die Erkenntnis, daß Menschen niemals das Ziel sein können, manifestiert sich als ein immer stärker werdendes Sehnen nach Gott, ein Sehnen, das wie ein Feuer im Körper und in den Seelenbewußtsein brennt. Dieser wunderschöne Schmerz stärkt die Opferbereitschaft und die seelische Tragfähigkeit jedes einzelnen, verleiht den Menschen im wahrsten Sinne des Wortes Flügel, so daß sie außergewöhnliche Entwicklungen durchstehen.

Da die Menschen des Neuen Zeitalters die Schwingung des körperlichen Ich-Bewußtseins als eine gewaltige Blockade empfinden, werden sie kaum noch das Wort Ich im Sinne des Körpers benutzen. Sie werden mehr das Wir gebrauchen, weil sie die Multidimensionalität ihres Wesens erfahren. Dadurch öffnen sie in sich selbst wie auch in anderen helle Lichtpforten und lassen Gefühle von Freude und Hoffnung entstehen.

Zum Schluß würde ich am liebsten sagen: Lieber Mitmensch, der du mein Bruder und meine Schwester bist, hörst du den Klang der Liebe, den mein geistiges Wesen deinem geistigen Wesen vermittelt? Auch wenn wir uns fremd sind, verweben sich unsere Seelenbewußtsein, und wir sind stark durch die Liebe, stark durch das Bewußtsein Gottes, das uns durchströmt. Wer sich nur auf sich selbst bezieht, kann sehr allein sein, wer aber mit sich im Wir spricht und sich mit allem und allen geistig verbindet, ist niemals allein.[1] Diese geistige Verbindung stärkt uns, wiegt uns in der Hoffnung und im Vertrauen. Auch du bist ein Träger des Lichtes. Höre auf die Stimme deines Wesens! Gott zum Gruß!

---

[1] Vgl. das Kapitel über das Du und das Wir in *Das Wunder der Meditation.*

Eine Ermutigung aus der Mentalsphäre

Als ich die Botschaft vom Sternbild Orion erhielt, machte ich mir Sorgen, sie könnte den Leser irritieren und ihn möglicherweise überhaupt gegen solche Mitteilungen einnehmen. Mir kamen Zweifel, ob er die gewagten Ausblicke auf das Neue Zeitalter schon ertragen könne. Als ich diesen Kampf mit mir ausfocht, meldete sich ein Bewußtsein aus der Mentalsphäre, jenem Bereich hoher Schwingungen, in dem die Wesen, die die astralen Dimensionen überwunden haben, sich auf die Kausalsphäre und auf die Rückkehr in den Urquell allen Seins vorbereiten. Es teilte mir mit, es entwickele sich in der siebten Ebene der Mentalsphäre und absolviere eben dadurch, daß es zu mir spreche, eine wichtige letzte Prüfung, bevor es sich in die Kausalität erhebe. Ich gebe den persönlichen Zuspruch, soweit er auch den Leser interessieren könnte, im folgenden wieder.

Ich bin der Hüter deiner Gedanken und kenne deine Sorgen. Ich möchte dir sagen, daß ich nicht nur alle negativen Schwingungen, die im menschlichen Dasein immer wieder entstehen, auffange, sondern auch umwandele. Du mußt wissen, daß die Menschen Aussagen, die aus unseren Sphären stammen, brauchen, denn dies gehört zur Entwicklung der kommenden Zeit. Die Menschen werden sich zunehmend für diese Themen interessieren. Die Texte sind ja nicht bloß Texte. Die vielen Hilfen, die wir auf diese Weise euch Menschen zufließen lassen können, laden die Worte mit Schwingungen aus unseren Dimensionen auf. Sie sind im Buch vorhanden, strahlen mit jedem einzelnen

Buchstaben auf den Leser aus und werden von ihm hinausgetragen in die Dimension eurer Welt. So können in den traurigen Seelen der Menschen viele Lichter angezündet werden. Viele Seelen werden zum Klingen gebracht, und diese Gefühle schwingen als Kraft und reine Liebe den sich nach Nahrung sehnenden Bewußtsein der Menschen zu. Es erfordert schon etwas Mut, die Texte zu veröffentlichen, das ist wahr. Aber was wäre die Welt ohne Mut? Ohne Mut gibt es keine Zukunft.

Gemeinsam müssen wir versuchen, den Menschen hauptsächlich Schwingungen der Liebe in Wort, Tat und Schrift zu vermitteln. Glaube mir, es ist sekundär, was gesagt wird. Die Menschen sind in ihrer Entwicklung an jenem Punkt angelangt, wo sie nach Liebe hungern, sich nach Liebe verzehren. Auch wenn das vielleicht dem Verstandesdenken manchmal ein wenig sentimental erscheint, es sich vielleicht sogar dagegen wehrt, ist es von größter Bedeutung, daß die Schwingung der Liebe, die als einzige in den nächsten Jahren etwas verändern kann, die Gedanken und die Seelen der Menschen erreicht. Deshalb sind wir in diesen feinstofflichen Ebenen sehr dankbar, wenn sich möglichst viele Menschen für mediale Aufgaben zur Verfügung stellen.

In meiner Ebene sind unzählige Lichtwesen, die Gott loben und preisen, und hier und jetzt durchströmen dich die Schwingungen ihrer allumfassenden Liebe. Freude durchströmt dich. Wir sehen oft die dumpfen, traurigen Blicke der Menschen. Sei als Träger des Lichtes bemüht, diese Dumpfheit und Traurigkeit umzuwandeln, den Zauber der kindlichen Seele wieder hervorzubringen, die kindlichen Augen wieder zum Leuchten zu bringen, die Menschen zu sich selbst zurückzuführen.

In der Bibel steht geschrieben: »Wenn ihr nicht werdet wie die Kinder, werdet ihr nicht ins Himmelreich eingehen.«[1] Genau

---

[1] Matthäus 18,3.

das ist gemeint: In der Seele der Menschen das Kindliche, Schöne, Unschuldige wieder zu wecken, denn es ist in ihnen nicht verlorengegangen; dem Verstandesdenken das kindliche Staunen, die Fröhlichkeit, das Singen, die Liebe wieder zuzuführen – all das, was dieses »Wenn ihr nicht werdet wie die Kinder« ausmacht. Die eigene Unbefangenheit, Ehrlichkeit und Freude sind wie Schwefelhölzer, die die Kerzen, diese Schwingungen der Kindlichkeit, wieder entfachen können.

Die Vieldimensionalität des Menschen

In den Botschaften aus den anderen Dimensionen wird, wenn vom menschlichen Bewußtsein die Rede ist, häufig von *den* Bewußtsein gesprochen, also von einer Mehrzahl. Damit ist nicht das Verstandesbewußtsein gemeint, das auch Tages- oder Wachbewußtsein genannt wird, sondern die Bewußtsein der verschiedenen feinstofflichen Körper des Menschen (Astral-, Mental- und Kausalkörper[1]). Ich spreche hier beispielhaft von astralen Seelenbewußtsein. Noch immer ist den wenigsten Menschen bekannt, daß unser Seelenbewußtsein sich tatsächlich aus einer Vielzahl von einzelnen Bewußtsein zusammensetzt.

In der Astralsphäre befindet sich eine Art Matrize, die alle astralen Seelenbewußtsein eines Menschen enthält. Diese entwickeln sich entweder in eben dieser Astralsphäre oder aber als energetische Teile unseres Astralkörpers während einer physischen Existenz. Wenn sich nämlich unser Hohes Selbst zu einer weiteren Inkarnation entschließt, wählt es einige zur Erfüllung der Lebensaufgaben notwendige Bewußtsein mit deren Zustimmung dafür aus. Das sind dann die in unser irdisches Leben mitgebrachten Seelenbewußtsein, die in unserem Astralkörper aktiv sind – sie entwickeln sich in uns und wir uns durch sie.

Unser Astralkörper enthält einen Abzug der gesamten Matrize. Würde man davon eine Zeichnung anfertigen, wäre die Gesamtheit unserer astralen Bewußtsein in Tausenden von Punkten darzustellen. Von diesen Punkten würden sich die für

[1] Vgl. auch das vorletzte Kapitel dieses Buches.

den Lernprozeß in der Wiederverkörperung ausgewählten Bewußtsein abheben: Sie erschienen größer und leuchteten als farbige Energiekugeln zwischen den unbelichteten Punkten. Die im Astralkörper aktiven Bewußtsein befinden sich meistens im Umfeld der Chakras. Sie bewirken, daß wellenförmige Schwingungen in unterschiedlicher Dichte und unterschiedlichem Abstand laufend den Astralkörper, auch Seelenkörper genannt, durchströmen. Der Astralkörper, der dieselbe Ausdehnung hat wie unser physischer Körper und ihn im wirklichen Sinne durchdringt, ist also der Träger dieser mitgebrachten Einheiten unseres Seelenbewußtseins.

Alle zu uns gehörenden, unterschiedlich reifen Bewußtsein in allen feinstofflichen Körpern und in den entsprechenden Sphären besitzen als Kern ein aktives, selbständig sich entwickelndes Ich. Darunter ist kein Ich in der Form einer menschlichen Person zu verstehen, sondern ein magnetisches Feld, das alle ihm ähnlichen Gedankenenergien anzieht. Wenngleich diese selbständigen Bewußtsein unserer Seele in aller Regel dem Verstand nicht zugänglich und nicht bewußt sind, bestimmen sie doch durch ihre Ausstrahlung auf Körper und Verstandesbewußtsein entscheidend die Persönlichkeit des Menschen.

Wenn wir von inneren Kämpfen, von Gewissensbissen sprechen, sind unsere verschiedenen Bewußtsein aktiv. Sie sind es, die auf uns einwirken, wenn wir verwundert Gedanken und Gefühle in uns auftauchen sehen, die unserem Verstandesdenken fremd sind, oder wenn wir der Intuition, der inneren Stimme, Anstöße verdanken. Sie machen uns zu einem multidimensionalen Wesen, auch wenn wir uns fälschlich oft mit einem einzigen kleinen Bewußtsein, dem des physischen Körpers, mit unserem Verstand, identifizieren. In *Das Wunder der Meditation* habe ich der Vieldimensionalität ein Kapitel gewidmet. Hier möchte ich sie am Beispiel eines wichtigen und uns viel zu wenig bewußten Geschehens, des nächtlichen Seelenlebens, erläutern.

Im Tiefschlaf löst sich der Astralkörper (zusammen mit dem ihn erhaltenden Mentalleib und dem Kausalleib) vom physischen Körper und begibt sich – mit ihm nur noch durch die »Silberschnur« verbunden – auf Wanderung in die heimatlichen Astralbereiche. Die im Astralkörper aktiven Seelenbewußtsein können dann, frei von der Anbindung an Körper und Verstand, Kontakte herstellen mit den in anderen Dimensionen und Sphären befindlichen Bewußtsein des Menschen, dabei gewissermaßen wie Kinder handelnd, die ausschwirren, um ihre Freunde zu besuchen.

Es erfolgt ein gegenseitiger Austausch von Erfahrungen und Entwicklungen. Da die Kommunikation ausschließlich über die außersinnliche Wahrnehmung geschieht, erkennen sie, wo Hilfen möglich und nötig sind. Die dem irdischen Leben zugeordneten Bewußtsein werden mit Energieströmen versorgt; wenn sie weiter fortgeschritten sind als einzelne Bewußtsein in den außerirdischen Dimensionen, helfen sie diesen. Bei Beendigung des Tiefschlafs kehrt der Astralkörper mit seinen Bewußtsein zurück und verbindet sich wieder mit dem physischen Körper.

Bei den nächtlichen Reisen kommt es auch vor, daß feinstoffliche Helfer, die ja nichts anderes sind als bewußtseinsmäßig hochentwickelte Energiepotenzen, die menschlichen Seelenbewußtsein durch verschiedene geistige Sphären führen, sie durch Erklärungen anleiten, in Tugenden unterrichten, ihnen tiefere Einsichten vermitteln und sie mit Schwingungen der Liebe und der Kraft aufladen. Der Torhüter, der uns als persönlicher geistiger Helfer oder Schutzengel während unseres Lebens begleitet, wacht in jedem Falle über alle nächtlichen Begegnungen. Sind einzelne Astralbewußtsein weit genug entwickelt, kann er veranlassen, daß sie Einblicke auch in die Mentalsphäre erhalten.

Es kann im Tiefschlaf auch geschehen, daß der ausgetretene Astralleib in der vierten Astraldimension in den Astralschlaf sinkt, der Mentalkörper dann seinerseits mit seinen Mentalbewußtsein den Astralleib verläßt und vom Torhüter in die Mentalsphäre geleitet wird. Hierbei bleiben der Astral- und der ihn erhaltende Mentalkörper stets durch einen Energieleiter miteinander verbunden. Auf einer solchen Reise erwachen die noch schlummernden Teile des Mentalkörpers, laden sich in dieser hohen Ebene der Ideen und Gedanken energetisch auf und erhalten Lernimpulse. Häufig erwacht der Mensch nach einer solchen Mentalreise mit einer Erkenntnis, um die er lange vorher gerungen hatte, oder mit einem neuen Lebensziel, von dem er nicht mehr läßt und von dem er mit Sicherheit weiß, daß es der Wille Gottes in ihm ist, der ihn dorthin lenkt.

All diese geistigen Abenteuer, die wir Menschen in der Regel nur im Tiefschlaf, in der völligen Bewußtlosigkeit erleben, werden wir im Neuen Zeitalter im meditativen Zustand bewußt unternehmen können – dann vom Verstand wahrgenommen und akzeptiert.

Nachdem die Teile des Seelenbewußtseins, die der Entwicklung unseres irdischen Lebens dienen, sich im Tiefschlaf bei der Begegnung mit ihren außerirdischen Geschwistern mit Energien vollgesogen haben, übertragen sie bei ihrer Rückkehr diese Schwingungen in die Chakras. Dies bewirkt auf der physischen Ebene die Regeneration des Körpers. Auf der feinstofflichen Ebene hat dies die Folge, die wir als nächtliche Einstellung bezeichnen: Die Frequenz der Chakras wird erhöht, so daß die Bewußtsein unserer Seele in weiteren nächtlichen Begegnungen den Kontakt intensivieren und die Verständigung verbessern können; auch werden die verstärkten Schwingungen im Gehirn transformiert und führen zu neuen Anstößen auf der intuitiven und gedanklichen Ebene.

Jeder Teil des Seelenbewußtseins versucht am nächsten Morgen, die gesammelten Erfahrungen dem wiedererwachten Tagesbewußtsein, dem Verstand, mitzuteilen. Sie machen sich nach einem Umwandlungsprozeß auch als innere Stimme, als

Intuition oder als Erinnerung an einen Traum bemerkbar. Aber selbst wenn der Verstand meint, von alledem nichts zu wissen, hat doch jeder schon erlebt, wie er sich des Morgens beflügelt fühlt, Schwingungen in sich spürt, die über viele Stunden wie Melodien in der Seele nachklingen.

In dem stattfindenden Lernprozeß wird die verstandesmäßige Gedankenenergie mit den höheren Erkenntnissen, die ja auch Energien sind, in Harmonie gebracht. Dadurch spornen neue Ideen und Gedankenformen den Menschen an. Solche Bewußtseinserweiterungen haben immer zum Ziel, dem Verstandesdenken den Zugang zum eigentlichen geistigen Wesen, das man ist, zu öffnen, also Verstandes- und Seelenbewußtsein zusammenzuführen und schließlich zu vereinen.

Wenn wir in Ängsten und ohne Hoffnung einschlafen, tritt der Astralkörper im Tiefschlaf zwar aus, schwebt aber in einer Entfernung von nur etwa dreißig Zentimetern über dem physischen Körper. Die Angst hält ihn in der irdischen Atmosphäre fest. So können unsere bereits höher entwickelten Bewußtsein nur sehr schwer oder gar nicht Kontakt mit ihren Geschwistern herstellen, und die weniger entwickelten Bewußtsein orientieren sich ausschließlich an negativen, im Erinnerungsunterbewußtsein gespeicherten Erfahrungen. Das Resultat ist eine noch größere Niedergeschlagenheit und Angst am nächsten Morgen, oft verbunden mit Kopf- und Gliederschmerzen sowie Übelkeit. Es ist also für das nächtliche Geschehen entscheidend, in welcher Stimmung wir uns in den Schlaf begeben. Wir sollten uns immer auf positive Vorstellungsbilder konzentrieren. Und wenn eine Situation so hoffnungslos erscheint, daß die Kräfte nicht ausreichen, Gedanken der Zuversicht in sich entstehen zu lassen, sollten wir wenigstens unsere Sorgen in einem Gebet, und sei es noch so kurz, Gott und den Helfern anvertrauen.

Ein Chakra-Lehrgang
in der feinstofflichen Ebene

Eines Nachmittags um drei Uhr überfiel mich die beschriebene Müdigkeit. Sofort legte ich mich hin, und kurz nachdem ich eingeschlafen war, glitt ich durch einen violetten Ring. Dann sah ich zwei nebelartige Gestalten, von strahlendem Licht erhellt, vor mir schweben. Ihr Licht durchströmte auch mich und gab mir das Gefühl der Schwerelosigkeit. Liebevoll lächelten sie mir zu, nahmen mich bei den Händen, und gemeinsam schwebten wir in eine lila-blaue Dimension. Dort begleiteten sie mich in ein Haus, das fast gänzlich durchsichtig war. Ohne eine Tür zu benutzen, gelangten wir ins Innere. Wir schritten durch einen langen Gang, doch berührten wir den Boden nicht. Plötzlich öffnete sich eine Türe. Ehe ich mich versah, stand ich in einem hellerleuchteten, angenehm warmen Raum.

Etwa zwanzig durchsichtige Wesen in menschenähnlicher Gestalt saßen auf dem Boden, unbeweglich und tief in sich selbst versunken. Niemand beachtete uns. Meine Begleiter wiesen mich an, mich in die Mitte dieses Kreises zu setzen. Der Boden, der sich weich anfühlte, sah aus, als bestünde er aus aufeinandergeschichteten Wolken. Es herrschte absolute Stille, und ich fragte mich, ob ich wohl das einzige Wesen sei, das atme. Ich war aufgeregt, fühlte mich aber unter den anderen geborgen, und dann umschloß mich tiefe Zufriedenheit.

Während wir warteten – ich wußte nicht worauf –, stellte ich plötzlich fest, daß ich rundum sehen konnte, ohne meinen Kopf zu drehen. Alles schien von lila-bläulichen Farben durchflutet. Wie fließendes Wasser durchströmten die Farbtöne die Anwesenden. Etwas erschrocken stellte ich fest, daß ich mich nicht in meinem physischen, sondern in meinem astralen Körper befand. Ich unterschied mich nicht von den übrigen Anwesenden. Auch ich war durchsichtig, und helles Licht strahlte aus meiner ganzen Gestalt. Als ein großgewachsenes, helles Lichtwesen den Raum betrat, fing oberhalb meiner Nasenwurzel mein sich weit öffnendes geistiges Auge an, fast unangenehm zu vibrieren. Ich hatte den Eindruck, am ganzen Leib zu zittern. Hilfesuchend schaute ich mich nach meinen Begleitern um, aber ich konnte sie nicht mehr sehen.

Wie aus weiter Ferne drang der Gruß der feinstofflichen Gestalt an mein Ohr: »Liebe, Licht und Frieden, Gott zum Gruß!« Vor lauter Aufregung war ich unfähig, den Gruß zu erwidern. Glücklicherweise ließ die Vibration in mir nach, und eine innere Ruhe legte sich wie eine warme Decke über mich. Mir wurde klar, daß es sich bei dem vor uns stehenden Lichtwesen um einen geistigen Lehrer handelte und daß wir, die Anwesenden, seine Schüler waren.

Ich war nicht wenig erstaunt festzustellen, daß alles, was er sagte, wie von unsichtbarer Hand geschrieben sofort als sichtbarer Text auf einer Leinwand erschien. Meine Begeisterung steigerte sich, als die Worte auch noch als Farben durch die Chakras aller Schüler flossen. In demselben Augenblick empfand ich die tiefe innere Gewißheit, mich nach Abschluß dieses Traumes an die Bilder und die Erklärungen erinnern zu können, die ich im folgenden festhalte.

Ich sehe die Chakras, die Energiezentren, als blütenähnliche, runde Gebilde, die in den verschiedensten Farben schillern. Ihre Größe und die Strahlkraft ihrer Farben sind von der Bewußtseinsentwicklung des Menschen abhängig. In ihrer Mitte haben sie eine kleine Vertiefung mit einem anderen Frequenzbereich als im Äußeren des Chakras. Diese Vertiefung gleicht einem Wirbel, in dem von außen einströmende Energien blitzschnell wie in einem Schlund verschwinden. Von der wirbelartigen Vertiefung aus zieht sich ein feiner Kanal, ähnlich einem Blumenstiel, direkt in das Innere der Wirbelsäule. Ich bin fasziniert von diesem Bild, denn die Wirbelsäule sieht wie ein Baumstamm aus, dem die Blumenstiele wie Äste entspringen. Die glockenförmigen Blütenkelche, also die Chakras selbst, liegen an der Oberfläche des Ätherkörpers, der den physischen Körper durchdringt und ihn zugleich wie ein Mantel, wie eine Schutzschicht umhüllt.

Über die Öffnungen der Chakras fließen die Energien aus dem Kosmos den feinstofflichen Körpern und den physischen Körperorganen zu. Die Chakras sind die Sinnesorgane aller feinstofflichen Bereiche. Wie atmende Blüten nehmen sie Energien aus der Natur, aus den Gestirnen und anderen Dimensionen auf, wandeln sie in verschiedene Energieformen um und leiten sie den Körpern zu. Ein Teil der Energien durchfließt das Chakra kreisförmig. Direkt in die wirbelartige Vertiefung einströmende Energie dagegen bildet in der Chakra-Blüte gerade Linien, die die Blüten in Blätter aufteilen oder die, wenn man einen anderen Vergleich zieht, wie die Speichen eines Rades wirken. Da jedes Chakra verschiedenartige kosmische Energieformen aufnimmt, ist die Anzahl der Blätter beziehungsweise der Speichen jeweils verschieden.

Das Wurzelchakra hat vier, das Milzchakra sechs Blätter, die durch gut sichtbare, etwas dickere Striche voneinander getrennt sind. Das Sonnengeflecht hat bereits zehn, das Herzchakra zwölf, das Halschakra sechzehn Blätter, immer noch durch gut sichtbare feine Linien unterscheidbar. Das Stirnchakra hat sechsundneunzig Blätter, mit sehr feinen, kaum noch sichtbaren Trennungslinien. Das Scheitelchakra ist ein strahlendes Lichtrad mit 972 allerfeinsten Blättern. Die Trennstriche sind kaum sichtbar. Das Scheitelchakra weist in seiner Mitte eine zweite Blume auf mit zwölf Blättern in Gelblich-Orange. Der Wirbel ist in violetten Farbtönen sichtbar.

Der Teil der einströmenden kosmischen Energie, der von den Chakras in den Ätherkörper fließt, verbindet diesen wie eine klebrige Masse mit dem physischen Körper. Die über die Chakras aufgenommene und über die Blütenstengel ins Rückenmark transportierte Energie fließt von dort in das Gehirn, das sie zu Gedanken, zu seelischen und körperlichen Empfindungen formt.

Mir stockte fast der Atem, als ich realisierte, daß wir nur dank der Funktion unserer feinstofflichen Zentren überhaupt fähig sind zu denken, und daß die Größe der Chakras und ihre unterschiedliche Frequenz, ihre Schwingungszahl, verantwortlich dafür sind, wie wir denken und empfinden. Die Höhe der Schwingungszahl ist nichts anderes als der Grad unserer Bewußtseinsentwicklung und bestimmt die Energiequalität, die von den Chakras aufgenommen und verarbeitet werden kann. Die Energiequalität wiederum beeinflußt Funktion und Entwicklung der Chakras.

Wir Menschen sind allein deshalb entwicklungsfähig, weil wir durch die feinstofflichen Organe mit dem göttlichen Lebensstrom verbunden sind. Unsere Beziehung zu Gott hängt nicht von unserem Intellekt noch von unserer Religion ab, sondern lediglich von der Entwicklung der Chakras und ihrer Fähigkeit, eine hohe Energiequalität aufzunehmen.

Die menschliche Dreiheit von Geist, Seele und Körper drückt sich schwingungsmäßig in der Gesamtheit der Energiezentren aus: der Geist im Scheitel- und Stirnchakra, die Seele im Hals- und Herzchakra sowie im Sonnengeflecht, der Körper im Milz- und Wurzelzentrum. Das Hals- und Genickchakra gelten hierbei als ein Chakra, ebenso das Wurzel- und Sexualchakra.

Milz- und Wurzelchakra sind also für die Körperkräfte des Menschen mitverantwortlich, während die drei mittleren Chakras die Persönlichkeit und die seelische Stabilität beeinflussen. Stirn- und Scheitelzentrum stehen in direkter Verbindung mit der Hypophyse und der Zirbeldrüse im Gehirn und bestimmen die geistige Haltung und Entwicklung, die Reinheit der Gedanken und das Bewußtsein der allumfassenden Liebe.

Als der Vortrag beendet war, wurde ich von den beiden geistigen Freunden wieder zu meinem physischen Körper zurückgeführt. Bevor ich mich mühelos wieder mit ihm vereinte, sah ich ihn wie leblos auf meinem Bett liegen. Er tat mir fast leid. Nie zuvor wurde mir in solcher Deutlichkeit bewußt, daß er mit mir als geistigem Wesen wirklich nicht identisch ist. Ich war ihm als meiner Hülle, meinem guten Freund, dankbar, daß ich mich in ihm entwickeln durfte.

Als ich die Augen aufschlug, waren eineinviertel Stunden verstrichen. Mich beschäftigte lange die Frage, warum wir Menschen so wenig über diese wichtigen feinstofflichen Dinge wissen und warum wir dazu neigen, das wenige auch noch anzuzweifeln. Ich war dadurch wie seelisch gelähmt, und es fiel mir schwer, das Erlebte niederzuschreiben.

Nach zwei Tagen war ich wieder ausgeglichen. Am späten Nachmittag fiel ich in den mir bekannten Schlaf.

Ich schlüpfte aus meinem Körper wie aus einem Kleid, und ehe ich mich versah, fand ich mich in der lila-blauen Dimension wieder. Diesmal waren nur zehn Wesen im Raum. Der feinstoffliche Lehrer sprach mit einer ruhigen Stimme, die ich wie den harmonischen Klang einer Glocke in mir empfand. Wieder erschien das Gesprochene als lesbarer Text auf der Leinwand.

Das Lichtwesen sprach zunächst über die Tatsache, daß wir nicht nur aus dem Kosmos, sondern auch von anderen zu uns gehörenden Bewußtsein Energien aufnehmen. Ich freute mich über die Bestätigung, daß jeder Mensch aus Tausenden von Bewußtsein zusammengesetzt ist. Nur wenige von ihnen sind

44

unserem Verstandesdenken zugänglich. Viele entwickeln sich gleichzeitig in anderen Dimensionen und auf anderen Planeten. Sie alle sind Teile von uns, und täglich nehmen unsere Chakras ihre Energieaussendungen auf. Mehr als unser Verstandesbewußtsein bestimmen sie unsere Gedanken, unseren Idealismus und Opfergeist, unser ganzes Leben.

Unser Ätherkörper hat nicht nur über die Chakras, sondern auch als Ganzes eine direkte Verbindung zu unseren in den astralen Bereichen sich entwickelnden Bewußtsein. Sein feinstoffliches Nervennetz nimmt die Gedanken- und Gefühlsschwingungen dieser astralen Bewußtsein auf, versorgt sich selbst mit diesen Energien, die ein Teil seiner Lebenssubstanz ausmachen, und leitet sie dann durch das Rückenmark dem Gehirn zu. Nimmt unser Verstand einen solchen Vorgang wahr, reden wir von einem Lichtblick oder einem guten Einfall. Dringt ein solcher Vorgang nicht bis zu unserem Verstandesbewußtsein durch, fühlen wir dennoch ein inneres Wissen, das uns Sicherheit gibt, obwohl wir es nicht in Worten ausdrücken können.

Unser Bewußtsein hängt ab von der über die Chakras einströmenden Energiequalität. Die reinste Energie ist Gott. Sein Bewußtsein erzeugt Schwingungen, die – über unsere Chakras aufgenommen – von unserem Gehirn in Gedanken der Liebe umgewandelt werden. Diese Schwingungen erhalten in uns das tiefinnere, wenn auch oft unbewußte Empfinden unseres Ursprungs und das Gefühl der Gotteszugehörigkeit. Je mehr wir von diesen hohen Schwingungen aufnehmen, desto heller leuchtet die Erkenntnis wieder in unser Bewußtsein, daß in uns allen ein Lichtkern strahlt, der das unteilbare Göttliche enthält.

Solange wir nach Selbstverwirklichung im Sinne des persönlichen Ichs streben, sind wir noch weit von Gott entfernt. Es gibt nur ein einziges, unteilbares göttliches Selbst, das bereits durch Gott immer verwirklicht ist. Unser sogenanntes Hohes Selbst ist Teil dieser Einheit. Wir sollten alle Entwicklungen als Erforschung dieses einen Selbst begreifen. Selbstverwirklichung ist, richtig verstanden, die Verwirklichung des göttlichen Selbst in uns. Das heißt aber, daß Selbstverwirklichung nur möglich wird, wenn wir das unterscheidende, begrenzende Ich aufgeben und die Illusion der Trennung überwinden. Dann erkennen wir die Wirklichkeit hinter der Unwirklichkeit, die Einheit jenseits der Illusion von Polarität.

Es gibt im Grunde nur ein einziges Bewußtsein, nämlich das göttliche. Auf dem Feld des einen unendlichen, alles umfassenden Bewußtseins hat der Mensch ein kleines Feld abgesteckt und so sein begrenztes Ich geschaffen, mit dem allein er sich identifiziert. Nur wenn er sein Bewußtseinsfeld Stück um Stück wieder erweitert und schließlich alle Grenzen aufhebt, wenn auch das Du und das Wir zum Ich geworden sind, kann es eine Wiedervereinigung mit dem göttlichen Bewußtsein geben. Auf dem langen Weg dahin benötigt das geistige Wesen Mensch verschiedenartig strukturierte Körper. Denn vergessen wir nicht, daß alles, was überhaupt existiert, in wechselnden Formen existiert. Die Formen verändern sich so lange, bis der Wesenskern heimgekehrt ist. Die Struktur des menschlichen Körpers, wie wir ihn jetzt kennen, bildet eine diesem Planeten und seinen Lebensgesetzen angepaßte Hülle, und die Chakras sind die Öffnungen in das Unbegrenzte.

Ich wünschte mir sehnlichst, der Vortrag würde noch lange nicht zu Ende gehen. Die Worte des Lichtwesens durchdrangen mich wie die Kraft der Sonne, und ich fühlte mich dabei so unsagbar glücklich, daß sich alle meine Wünsche, Hoffnungen und Ängste auflösten. Ich erlebte mich als das geistige Wesen, das ich bin, und wußte plötzlich, was das Sein bedeutet. Ich durfte in diesem Augenblick einen unbeschreiblich schönen Seelenzustand, ein Stück Wirklichkeit, bewußt erfahren.

Der Raum füllte sich mit immer mehr Lichtwesen. Ihre Chakras waren durch die Gewänder hindurch sichtbar und von

46

atemberaubender Schönheit. Die verschiedenfarbigen Astralhüllen drückten den Stand ihrer Entwicklung aus. Ohne Worte, aufgrund ihrer bloßen Anwesenheit wurde in mir die Erkenntnis wach, daß diese feinstofflichen Helfer in unermüdlicher Geduld und Liebe versuchen, uns Menschen reinste Gedankenenergie zu vermitteln. Dadurch helfen sie mit, die Schwingungszahl unserer Chakras zu erhöhen. Ihr selbstloser Wunsch ist es, uns mit der Feinstofflichkeit bekannt zu machen und uns zu lehren, mit den Kräften aus anderen Dimensionen bewußt im helfenden und heilenden Sinne umzugehen.

Der Raum glühte wie die feurige Kugel der untergehenden Sonne. Alle Helfer standen dicht beieinander und verschmolzen zu einer einzigen Lichtquelle. Ich glaubte, mit ihnen zu verschmelzen und nur noch Energie zu sein. Ich spürte, wie Energien als Reserven in die Kammern meines Unterbewußtseins strömten, und da ich noch nicht alle Geschehnisse wirklich fassen konnte, nahm ich sie so als noch ungeborene Erkenntnis in Verwahrung. Sie werden mir später zufließen.

In wenigen Sekunden waren plötzlich alle geistigen Freunde entschwunden. Der Raum erstrahlte nun in zartem hellgelben Licht. Die Stimme des feinstofflichen Lehrers hörte ich nur noch wie aus weiter Ferne. Doch richtete sich meine ganze Aufmerksamkeit auf die Leinwand. Ganz erstaunt sah ich die Kammern meines Unterbewußtseins.

In der Region des Sonnengeflechts, jedoch weit über dieses hinaus, flimmern kleinere und größere Punkte. Sie stellen die Kammern des Unterbewußtseins dar. Es sind gebündelte Energien, die die Form von Punkten und Kügelchen aufweisen. Feinste Drähte, dünner als ein Haar, stellen von einem Punkt zum anderen eine netzartige Verbindung her. Das ganze Bild erscheint wie eine Blinklichtanlage, in der Tausende von kleinen und großen Lampen aufleuchten und wieder verlöschen. Die farbliche Ausstrahlung ist mit Worten nicht beschreibbar. Jeder

Gedanke jedes unserer Bewußtsein, gleichviel ob der irdischen oder der außerirdischen, löst in den Kammern des Unterbewußtseins einen Impuls aus. Strebt das Verstandesdenken des Menschen auf eine Frage eine Antwort an, fließt aus dem angetippten Punkt über die feinen Drähte Energie in das Sonnengeflecht. Von dort gelangt sie über das Rückenmark in das Gehirn. Nach dem energetischen Umwandlungsprozeß formt sich in uns der Gedanke. Die Qualität der aus der oder den Kammern fließenden Energie bestimmt die Reinheit des Gedankens, die wir mit Leichtigkeit an dem Grad der inneren Sicherheit erkennen.

Ich sah meinen Helfer und wußte, daß es Zeit war, mich zu verabschieden. Ich war froh, nicht allein zu meinem Körper zurückkehren zu müssen. Ich empfand mich wie eine einzige große Träne, als ich den Raum verließ. Ich wäre so gerne für immer dort geblieben.

Was ich auf die beschriebene Weise über die Chakras erfahren hatte, wurde bald darauf um den folgenden Text ergänzt, den ich in einer Meditation erhielt.

Wie schon gesagt, können wir die Trennstriche zwischen den Blütenblättern der Chakras auch als Speichen eines Rades betrachten. Diese Speichen haben unterschiedliche Aufgaben zu erfüllen. Einerseits nehmen sie Energie auf, andererseits transportieren sie Energie aus dem inneren Kreis des Chakras in die feinstofflichen Körper und von dort in den Kosmos. Im meditativen Zustand und mit Hilfe der Vorstellungskraft ist es möglich, sich bewußt mit einer feinstofflichen Sphäre zu verbinden und gezielt gewisse Energien direkt über diese Speichen in das Chakra, in die Organe und feinstofflichen Körper fließen zu lassen.

Wir konzentrieren uns beispielsweise auf eine Speiche des geistigen Auges oder des Herzchakras und stellen sie uns als weites Rohr vor, in dem wir sitzen. Diese Visualisierung öffnet automatisch alle Speichen des betreffenden Chakras sehr weit. Wir blicken durch dieses Rohr hindurch und fixieren die helle Öffnung am anderen Ende, wo wir nach einiger Übung Bilder aus der angepeilten feinstofflichen Sphäre wahrnehmen.

Es ist eine hilfreiche zusätzliche Übung, wenn wir tagsüber, also im Wachbewußtsein, uns an dieses Rohr erinnern und uns vorstellen, daß wir die gewöhnlichen Dinge, die wir vor Augen haben, wie durch ein solches Rohr betrachten. Dies können wir uns zu einer spielerischen Angewohnheit machen und dabei gleichzeitig unser geistiges Auge trainieren.

Wollen wir uns über das Rohr einen feinstofflichen Kanal in die Mentalsphäre, in die Welt der Gedanken und Ideen erschließen, bitten wir unsere geistige Führung, uns dabei zu helfen, ein Bewußtsein, das Teil von uns selbst ist, zu erreichen. Verharren wir über längere Zeit bei diesem Gedanken, spüren wir körperlich und intuitiv, wenn sich uns ein solches Bewußtsein schwingungsmäßig mitteilt. Alles, was es sich in der Mentalsphäre erarbeitet hat, seine hoch entwickelten Gedanken und Ideen, seine Liebesfähigkeit, kann uns auf diese Weise zufließen. Natürlich bedarf dies geduldiger Übung. Die Theorie allein bleibt im Netz des Verstandesbewußtseins hängen. Wohl ermöglicht sie ein besseres Verständnis, aber wirklich profitieren können wir nur von praktischen Übungen.

Wir können in unseren Meditationen mit Hilfe unserer Vorstellungskraft auch abwechslungsweise einmal einen Kanal in die Mentalsphäre, dann in den Astralbereich öffnen und werden nach einiger Zeit gedankliche und gefühlsmäßige Schwingungsunterschiede feststellen. Indem wir Kontakte zu den Teilen unseres persönlichen Bewußtseins im Astral- und Mentalbereich herstellen – was sonst nur im Tiefschlaf, und dann unbewußt, geschieht – können wir geistige Entwicklungen bewußt anstreben, unser eigentliches Wesen erforschen und uns so in unserer Multidimensionalität erfahren.

Das Konzentrat an Schwingungen, das uns direkt über die Speichen der Chakras zuströmt, wird dem Gehirn zugeführt und verändert, verbessert die Gedanken und Empfindungen. Wir fühlen dann eine unbeschreibliche Freude und Kraft in uns, die unsere Handlungen direkt beeinflussen.

Man kann natürlich eine solche Übung mit jedem einzelnen Chakra oder mit allen insgesamt vornehmen. Im Krankheitsfalle ist anzuraten, mit jedem einzelnen Chakra, immer mit Ausnahme des Wurzelzentrums, die Energien anzuzapfen. Dies bewirkt eine geballte Energiezuführung in die kranken Organe und wird zu einer wirklichen Therapie. Auch lassen sich Verkrampfungen und Blockaden der Chakras durch eine solche bewußte Energiezufuhr auflösen.

Ein fortgeschrittener Schüler, der seine Hellsichtigkeit ein wenig geschult hat, wird die Energieaufnahme als erhöhte Vibration in den Chakras und im Körper spüren und in unterschiedlichen Farben mit dem geistigen Auge sehen. Wenn er so direkten Kontakt zu seinen anderen Bewußtsein herstellt, werden auch seine Verstandesbewußtsein, die oft weniger weit entwickelt sind, im Laufe der Zeit Freude an diesen Übungen gewinnen und in besonderer Weise aktiviert werden. Indem es Anteil an dieser Entwicklung nimmt, fügt es sich allmählich in diese höheren Bewußtsein ein, und die ganzheitliche Entwicklung des Menschen wird dadurch beschleunigt. Immer häufiger setzt sich die innere Stimme durch, ohne daß der Verstand sich dagegen sträubt. Der Betreffende wird weniger von Zweifeln geplagt, und für andere sichtbar strahlt die Kraft des Geistes mit Intensität in seinen Körper hinein. Er wird sich bewußt, einen Teil von sich selbst gefunden und integriert zu haben und wird angespornt, mit weiteren Teilen seiner Seele in Kontakt zu treten.

Anzufügen ist noch, daß wir uns auf die beschriebene Weise auch einer Blume oder einem Baum zuwenden können. Wir lassen dann bewußt die angepeilte Energie durch das Rohr, also durch die Speiche des Chakras, direkt einströmen.

Heilmittel vom Planeten Venus

Als ich mich eines Spätnachmittags tief versenkt hatte, meldete sich ein Wesen vom Planeten Venus und überraschte mit der Nachricht, daß es auf unserer Erde schon in zehn bis fünfzehn Jahren Menschen geben wird, die eine Dimension des Planeten Venus anzapfen und feinstoffliche Medikamente als Gedankenenergie auf Patienten übertragen können. Ich will dem Leser die Sätze, mit denen das Wesen auf meine Irritation reagierte, nicht vorenthalten. Gleich zu Anfang wurde die Art der Vermittlung erläutert.

Ich bin ein Wesen vom Planeten Venus und sende Energien aus auf das Sonnengeflecht dieses sprechenden Instrumentes. Das Sonnengeflecht stellt abweichend vom üblichen feinstofflichen Energiekreislaufsystem direkten Kontakt zum Wurzelzentrum her, wozu es nur in diesem bestimmten Versenkungsgrad fähig ist. Auf diesem Wege fließen meine Energieströme über das Wurzelzentrum durch die Wirbelsäule ins Gehirn und werden dort in Worte umgesetzt. Gleichzeitig zapft das Sonnengeflecht Energien im Wurzelzentrum ab, die bewirken, daß der physische Körper des Mediums meine Schwingungsbereiche aushalten kann. Es ist für Menschen, die die eigentlichen energetischen Vorgänge nicht kennen, sehr gefährlich, sich in solche Bewußtseinszustände zu begeben. Es können Schäden in der Psyche und im Körper entstehen, wenn Kräfte in einem zu starken Fluß durch die Körperorgane strömen; sie müssen vom Seelenbewußtsein oder dem außerirdisch sprechenden Helfer kontrolliert werden. Jetzt, wo meine Energie in diesem Körper, durch den ich spreche, Gedanken formuliert, sind die Funktionen des Wurzelzentrums durch das Seelenbewußtsein und durch mich selbst unter absoluter Kontrolle. Würde dieses sprechende Instrument jetzt von irgend jemandem berührt werden, könnte es seelische oder auch körperliche Funktionsstörungen erleiden. Wichtig ist, daß das Instrument nach Beendigung der Durchsage seine Chakras wieder schließt. (Zum Schließen siehe S. 81)

In meiner Heimat, dem Planeten Venus, gibt es eine Sphäre, in der ausschließlich feinstoffliche Medikamente von hochentwickelten Bewußtsein hergestellt werden, indem sie Energien erzeugen und in einer bestimmten Mischung zusammenstellen. Das Wesen, ich muß schon eher sagen: das Bewußtsein, das die Kontrolle über dieses Geschehen hat, nennt sich Achat. Man darf sich dieses Bewußtsein nicht als ein Wesen im üblichen Sinn vorstellen, sondern als ein hochkonzentriertes Schwingungsfeld, das Energien aus der Mental- und Kausalebene bezieht. Es bewirkt, daß die unzähligen Bewußtsein in dieser Sphäre sich teilen und vermählen, damit immer neue feinstoffliche Medikamente – den Gedankenenergien, nicht den Krankheiten der Menschen angepaßt – entstehen. Bereits in den nächsten zehn bis fünfzehn Jahren – diese Zeit ist eine besonders wichtige – wird es auf dem Planeten Erde Menschen geben, die geistigen Zugang in diese unsere Dimension erhalten. Sie werden fähig sein, diese feinstofflichen Medikamente als Gedankenenergie in ihr mentales Bewußtsein zu führen und sie von dort auf menschliche Patienten zu übertragen.

Während ich dieses vermittle, empfinde ich die fast bebenden Schwingungen des Verstandesbewußtseins dieses Instrumentes. Widerstände tun sich kund, Fragen, Zweifel. Doch darf ich – und darüber bin ich froh – über einen ganz anderen Kanal als den des Verstandes weitersprechen. Es ist mir bewußt, daß Menschen, die Botschaften von feinstofflichen Wesenheiten aufnehmen und verbreiten, ihr übliches, eigenes Menschsein in jeder Beziehung vollkommen überwinden müssen; denn sie haben es sich zur Aufgabe gemacht, in diesem Leben hier und jetzt eine Brücke von ihrem Verstandesbewußtsein zum Seelenbewußtsein zu bauen. Gedankenzuckungen des Verstandes können wir dabei nicht beachten. Die Leiden des Ichs, die durch Zweifel entstehen, sind die Sprossen, über die der Verstand hochklimmt, um dem Seelenbewußtsein immer näherzukommen. Und so wie die Menschen der Erde lernen müssen, daß Mitleiden schädlich ist, weil Mitleid Leid verstärkt, können auch wir nicht mit diesem Instrument oder anderen Medien mitleiden. Wohl fließt ihnen unser Mitgefühl zu; denn vor vielen Millionen von Jahren befanden wir uns in derselben Situation. Wir können deshalb die niederen Pulsschläge des Verstandes nachempfinden. Wir versuchen auch, diese Energie in unserer Dimension aufzufangen und umzuwandeln, um sie dann zurückfließen zu lassen, damit brauchbare Gedanken entstehen.

Viele Erdenbewohner sind in ihrer Bewußtseinsentwicklung bereits so weit vorangeschritten, daß sie im nächtlichen Tiefschlaf über ihre verschiedenen höherentwickelten Bewußtsein Kontakte zu uns pflegen. Sie nehmen, wenn sie an Leib oder Seele krank sind, oftmals feinstoffliche Medikamente ein, die sich immer zunächst als Energien in ihre feinstofflichen Bereiche ergießen. Sie können aber erst dann in den Körperorganen wirksam werden, wenn diese Menschen dafür innerlich aufnahmebereit geworden sind und die Blockade des Verstandes dies nicht verhindert. Für die Wirksamkeit dieser Medikamente ist die gedankliche und die daraus folgende energetische Öffnung wichtig, die eintritt, sobald diese Buchstaben, die ja auch Schwingungen sind, vom Leser vorurteilsfrei aufgenommen werden.

Viele Menschen werden diese Botschaft als irreal betrachten. Doch uns kümmert die Einstellung des Verstandes wenig. Er steht mit seinen winzig kleinen Beweisen immer ganz hinten an, bis er wenigstens ein kleines bißchen von den Früchten der Weisheit gekostet hat, die ihm helfen werden, sich den Seelenbewußtsein und anderen höherentwickelten Bewußtsein schwingungsmäßig anzugleichen.

Zweifel beherrschen manchmal selbst dieses Instrument. An der Angel des irdischen Lebens zu hängen, ist wirklich nicht immer einfach. Aber es ist auch nicht hoffnungslos. Denn wenn Menschen sich wie an Angeln hängende Würmer vorkommen und ihnen nicht einmal bewußt ist, daß sie an ihren eigenen Angeln hängen, sind wir dennoch immer ihre treuen Freunde. Es braucht nur ein winzig kleines Ja ohne Zweifel oder eine andere Gedankenregung, um einzutauchen in die Liebe Gottes und in die wundervollen Klänge des Seelenbewußtseins – und sie kommen von der eigenen Angel frei.

Daß irdische Menschen sich einen Zugang zu den feinstofflichen Medikamenten in unserer Dimension erschließen, ist nicht schwieriger als die vielen anderen Entwicklungen, die vorher auf der Erde angestrebt und erreicht wurden. Nur haben sich bis heute wenige darüber Gedanken gemacht. Doch nun, da die Wende der Zeit anbricht und viele neue Bewußtsein hervortreten, wird auch für den Verstand vieles leichter sein, denn er wird erleben, wie sich das feinstoffliche Wesen des Menschen durch die Kraft des Geistes von der Schwere des physischen Körpers löst, um die Dimensionen aufzusuchen, nach denen es sich sehnt. Er wird erleben, wie das Seelenbewußtsein aus dem Körper heraus- und wieder in ihn hineingeht, so wie der Mensch heute seine Wohnung verläßt und sie wieder betritt.

Krankheit entsteht immer, wenn Schwingungsveränderungen den Körperhaushalt durcheinanderbringen und das normalerweise ablaufende System stören. Also ist es auch möglich, durch gezielte Vermittlung ordnender geistiger Energien die Störung in den Abläufen wieder rückgängig zu machen. Aber damit dies geschehen kann, braucht es einiges Wissen. Wir wollen und werden dem Menschen die Pforten öffnen. Gott liebt uns alle. Seine Hilfen sind nah und nicht fern.

Da wir Rücksicht zu nehmen haben auf die Körperorgane, kann es vorkommen, daß eine Sitzung plötzlich abgebrochen werden muß. Es ist, wie wenn bei einem Auto das Motoröl verbraucht ist und nachgefüllt werden muß. Ich habe nun dieses Instrument mit Rücksicht auf seine Gesundheit in das normale Bewußtsein zurückzuführen.

Ich fühlte mich sehr erschöpft, als ich aus der Versenkung erwachte. Erst nach Stunden war ich in der Lage, die Arbeit wieder aufzunehmen. Für den weiteren Text bediente sich das Wesen von der Venus eines Sprechers, dessen Schwingungsfrequenz leichter zu ertragen war.

Ich habe ein Bewußtsein ausgewählt, über das meine Gedankenenergien wie über eine Relaisstation vermittelt werden, damit wir das Herz, das durch solche Sitzungen immer sehr beansprucht wird, schonen. Wir werden die Überanstrengung dieses Organs im nächtlichen Tiefschlaf wieder ausgleichen.

Die Einnahme von feinstofflichen Medikamenten ist im Grunde genommen nichts anderes, als mit den höheren Bewußtsein sehr bewußt den Organen der Psyche Gedankenenergien zuzuführen. Es kann nur immer wieder darauf hingewiesen werden, daß auch eine bewußt ausgeführte Atmung ein wichtiges Lebenselixier des menschlichen Organismus darstellt. Der Atem schafft die Verbindung zwischen Geist und Körper. Wenn ein Mensch im Verdauungsbereich erkrankt, bedeutet das in den meisten Fällen eine Verkrampfung oder Blockierung des Sonnengeflechts. Meistens ist das Milzzentrum mit einbezogen. Wenn wir dann in unser Seelenbewußtsein eintauchen, entweder durch die Formulierung eines Gebetes oder in der Meditation, werden wir uns der Aufgabe eines Organs und seines Schwingungsbereiches bewußt. Wir können zum Beispiel eines unserer Bewußtsein in das Sonnengeflecht entsenden und ihm den Auftrag erteilen, Ordnung herzustellen.

Wir haben nichts weiter zu tun, als uns in der Magengegend, etwa bis hin zum Zwerchfell, ein Schwingungsfeld vorzustellen, das ähnlich aussieht wie ein Wirbel im Wasser, wie die Kreise, die entstehen, wenn wir Steine hineinwerfen. Anschließend atmen wir mit der Hilfe unserer Imagination durch das feinstoffliche Sonnengeflecht ein und aus. Wir stellen uns dabei vor, wie kleine, eng begrenzte Kreise immer größer werden, und wie dadurch die Harmonisierung vom feinstofflichen Organ zum physischen langsam hergestellt wird. Dasselbe gilt für alle anderen Chakras mit Ausnahme des Wurzelzentrums. So können wir selbst unseren inneren Arzt, der ja ein Bewußtsein von vielen ist, aktivieren und ihm konkret Aufträge erteilen, die zur Harmonisierung und Genesung beitragen.

Wir können auch in neuer Weise die Heilkraft der Blumen nutzen. Wenn wir zum Beispiel wissen, daß die Blume Arnica eine Stärkung für unsere Nerven ist, können wir, wenn wir eine solche Blüte in der Hand halten, bewußt ihre Schwingung einatmen und die feinstofflichen Substanzen dem Körper zuführen. Wir können dies mit den verschiedenartigsten Pflanzen tun, indem wir ihre Schwingungen über die Chakras in unseren Körper einströmen lassen. Die einzige Schwierigkeit dabei ist, die Zweifel des Verstandesdenkens zu überwinden.

Der Helfer dieses sprechenden Instrumentes bittet mich jetzt, für heute zu schließen. Es wird in das Tagesbewußtsein zurückgeführt. Der anbrechende Abend ist voller Segen. Gott zum Gruß!

Ein Engel des Herrn spricht

In einer Trance-Sitzung meldete sich ein »Engel des Herrn« und gab weitere Erklärungen über die Chakras. Als er über das »kosmische Nervensystem« und die Chakras im Weltall sprach, sah ich vor meinem geistigen Auge den Kosmos angefüllt mit einer unendlichen Zahl schwebender Energiewirbel, runde schwingende Scheiben, die wie die Vertiefungen im Zentrum der menschlichen Chakras aussahen.

Ich bin ein Engel des Herrn. Gott zum Gruß! Es existiert in der ersten Dimension der Kausalebene eine Zone, in der die Engel des Herrn Gott und den Menschen dienen. Aus dieser Zone spreche ich auf einer bestimmten Frequenz durch dieses Medium zu den Menschen. So wie die Eltern ihre Kinder lieben, lieben wir euch. Und wir alle, die wir ein und denselben Vater haben, werden von ihm geliebt.

Die Energiezentren, die Chakras, die den physischen Körper und das in ihm wohnende menschliche Wesen erhalten und es mit dem kosmischen Geschehen, mit Gott verbinden, werden in ihrer Funktion keineswegs immer so bleiben, wie sie sich heute darstellen. Wenn der Mensch durch Gedanken und Handlungen der Liebe sein Bewußtsein ausdehnt, verändern seine Chakras im Laufe der Entwicklung nicht nur ihre Schwingungszahl, sondern auch ihr Aussehen. Je mehr er sich entwickelt, um so stärker vergrößert sich der Wirbel in der Mitte, dehnt sich der innere Frequenzbereich seiner Chakras nach außen hin aus, während die Blütenblätter, also die äußeren Schwingungen, sich stark verändern und sich nach vielen feinstofflichen Entwicklungen schließlich völlig auflösen. Ist der Mensch bis zur Kausalsphäre herangereift, besteht er förmlich nur noch aus Schwingungen dieses inneren Frequenzbereiches. Man kann sagen, daß dann die Strahlen aller seiner Chakras ineinanderfließen und wie zu einem einzigen Lichtfeld verschmelzen.

Wie schon gesagt wurde, wird der neue Mensch seinen physischen Körper verlassen und sich auf Astralreisen an jeden beliebigen Ort begeben, also im wahrsten Sinne des Wortes fliegen können. Die Schwerkraft der Erde ist dadurch aufgehoben. Es ist ein unbeschreiblich schönes Gefühl, die Masse des Fleisches, der Knochen, des Körpers insgesamt für eine gewisse Zeit auf der Erde zurückzulassen. Dieses ist die wichtigste Entwicklung der Menschen des Neuen Zeitalters. Sie werden aus Überzeugung danach streben, ganz aus dem geistigen Willen heraus zu leben.

Wenn der Mensch gelernt hat, sich als Wesen nicht mit seinem Körper zu identifizieren, findet er einen völlig neuen Zugang zu sich selbst. Er wird mit den Chakras, so kann man sagen, sehen, hören und fühlen können. Mit den kleinen Chakras in beiden Handflächen, diesen sensiblen Nebenzentren, wird er die Energieausschüttungen aus dem All spüren. Und da er mit den in den Energiezentren umgewandelten Kräften umgehen, sie zu seiner Entwicklung anwenden kann, brauchen keine Störungen im physischen Körper mehr aufzutreten.

Wurzel-, Herz- und Scheitelzentrum sind in ihrer Struktur so durchlässig, daß gewisse Energien spiralförmig nach außen hin in feinstoffliche kosmische Bereiche ausströmen. Diese Energien ergießen sich in spezieller Weise in die Natur, vor allem in das Pflanzenreich. Sie sind die Lebenskraft, die diesen Bereich erhält. In allen Pflanzen existieren feinstoffliche Kanäle, durch die diese Energien fließen und, teilweise umgewandelt, in den Kosmos zurückströmen.

Die heute lebenden Menschen können sich auf das Neue Zeitalter, wenn viele von ihnen wieder hier sein werden, vorbereiten. Eine wirksame Übung, auch wenn man anfänglich nichts weiter spürt, besteht darin, mit Hilfe der Vorstellungskraft bewußt durch die Chakras ein- und auszuatmen, zunächst durch das Sonnengeflecht, dann durch Herz-, Hals-, Genick-, Stirn- und Scheitelchakra. Das Wurzelzentrum sollten wir ruhen lassen, vorläufig noch. Diese mit den Chakras ausgeführten Atemübungen führen dazu, daß vermehrt Energie aus anderen Dimensionen aufgenommen und verwertet werden kann. Das bedeutet auch, daß diese Energien im menschlichen Gehirn transformiert werden und die Kreativität wecken. Ich höre die Stimme des Verstandes, die nach Beweisen ruft. Aber die Stimme der Seele tut sich gleichermaßen kund. Sie braucht diese Beweise nicht, denn die Schwingungen der Worte erzeugen eine innere Kraft, und ihr beugt sich im Laufe der Entwicklung auch das Verstandesdenken.

Tägliche Atemübungen mit den Chakras erzeugen in der Psyche des Menschen Energien der Freude, der Kraft und der Liebe. Depressionen oder andere psychische Störungen können zum größten Teil behoben werden. Bei Menschen mit Depressionen sind die Chakras kaum mit Energien versorgt, sind wie ausgelaufene Batterien. Der gute Wille des Verstandes oder das Zureden und Mitfühlen anderer Menschen sind nur schwache Hilfen. Bewußt ausgeführte Atmung durch die Chakras ist die bestmögliche Hilfe für solche Patienten, die allerdings diese Übungen nicht allein, sondern nur unter Anleitung durchführen sollten. Wenn es ihnen dann körperlich und seelisch etwas besser geht und sie sich zusätzlich den Elemente-Meditationen widmen, können sie sich von ihrer Krankheit befreien.

Wir, die wir aus den anderen Dimensionen sprechen, wollen euch Menschen nicht nur auf eure eigenen feinstofflichen Bereiche hinweisen. Überall im Universum durchdringen sich die verschiedenen Dimensionen. Auch die Sterne, die Sonnen und Planeten haben neben dem, was das menschliche Auge jetzt wahrnimmt, feinstoffliche Entsprechungen, ja der ganze Kosmos ist von Milliarden und Abermilliarden von feinsten Kraftadern, dem menschlichen Nervensystem und seinen Verästelungen vergleichbar, durchzogen. Die Fasern dieses Nervennetzes sind feinste Kanäle, die manchmal sogar für feinstoffliche Wesen mit ihrer außersinnlichen Wahrnehmung nicht feststellbar sind. Diese Kanäle formen sich in gewissen Abständen zu energetischen Schwingungsfeldern, zu runden Gebilden, die in Funktion und Aussehen den Chakras der Menschen und der feinstofflichen Wesen ähneln.

Diese sogenannten kosmischen Chakras haben die Aufgabe, Energien in vielfältigster Art und Weise aufzunehmen, zu verarbeiten und in Ströme umzuwandeln, die alle Welten, Sphären und Dimensionen im Einklang halten und alles Leben in ihnen fördern. In den feinstofflichen Dimensionen des Kosmos sind Myriaden solcher feinster Räder ständig in Bewegung, transformieren Energien und beleben alles, was existiert. Im Grunde genommen sind die Chakras, die die Kosmen mit Energien versorgen, nichts anderes als höchstentwickelte Bewußtsein. Es ist für sie eine Leichtigkeit, eine Form anzunehmen und sich dem hellsichtigen Auge in unterschiedlichsten Gestalten zu zeigen. Die Entwicklung führt bald dahin – und dies sage ich zum Trost –, daß die meisten Menschen außersinnlich wahrnehmen können.

Es ist ein Irrtum zu glauben, daß nun, da die Welten, Sphären und Dimensionen geschaffen sind und Wesen und Bewußtsein sich in ihnen entwickeln, die Aspekte des göttlichen Bewußtseins sich nicht mehr manifestierten. Oh nein! Jeden Tag ergießen sie sich wieder und wieder als Energien in alle Sphären und Dimensionen. Die kosmischen Chakras sind keine endgültig geformten, starren Gebilde. Die Aspekte des göttlichen Bewußtseins erzeugen immer andere, neue Energien und verändern ständig das kosmische Chakrasystem. Durch die Naben der feinstofflichen Räder fließen die göttlichen Energien den im Kosmos sich immer neu entfaltenden Bewußtsein zu. Glaubt ihr Menschen wirklich, daß ein Bewußtseinssprung der menschlichen Zivilisation ohne eine solche göttliche Einwirkung möglich wäre? Ohne sie geschieht nichts, schon gar nicht eine solche neue Entwicklung.

Es ist die andersartige Einstrahlung der Urzentralsonne, die im Neuen Zeitalter die Veränderungen bewirkt. Schon an der Zeitenwende werden sich die Wirbel der kosmischen Chakras nach außen stülpen. Die Energien werden dann nicht mehr wie vorher in die Wirbel eingesogen und dort umgewandelt, sondern sie stoßen auf die nach außen gestülpten, napfförmigen Energiekreise, die die Vitalität in viel stärkerer Weise und mit einer viel höheren Frequenz in die feinstoffliche, kosmische Vernetzung und von ihr aus in die Welten, Sphären und Dimensionen und auf die Menschen und Wesen ausschütten. Alle Leiden insgesamt haben einen Energiepegel gebildet, der sich wie ein enggeschnallter Gürtel um die Erdhülle zieht. Dieser wird durch die neuartigen Auswirkungen kosmischer Energie durchlässig, so daß viele hochentwickelte Bewußtsein, aber auch Aspekte des göttlichen Bewußtseins als inneres Wissen den neuen Menschen zuströmen.

Wann immer ein Mensch in seinen nächtlichen Wanderungen seine Bewußtsein in anderen Dimensionen aufsucht oder aber sich mit anderen Wesen in der Astralsphäre, aber auch außerhalb von ihr trifft, führt sein Torhüter ihn durch gewisse, seiner Frequenz angepaßte kosmische Chakras hindurch. Er empfindet sie manchmal als Tunnel oder als Kanal. Für seine menschliche Vorstellungskraft sind sie etwas, durch das er hindurchgeht. Dieses im Traum sich vermittelnde Bild ist in Wirklichkeit ein solches Energiefeld, das wir als kosmisches Chakra bezeichnet haben. Ohne den Durchgang durch solche Energiezentren würde sein feinstoffliches Astralkleid Schaden erleiden, was den physischen Tod auslösen könnte. Doch unabhängig davon, wie weit er und seine Bewußtsein entwickelt sind, wacht der Torhüter des Menschen auf allen seinen nächtlichen Reisen über ihn.

Als sich durch gewaltige Explosionen die Sonnen und Planeten bildeten und durch das göttliche Bewußtsein in energetische Harmonie gebracht wurden, sah die Erde nicht so aus wie jetzt. Zuerst entwickelte sich das Mineralreich, und gewaltige Gebirge, Eismassen und Meere bedeckten den Planeten. Durch die vier Elemente, deren Energien sich entluden und zur Auswirkung kamen, ging die Entwicklung voran. Lange bevor Einzeller sich bildeten, wurden in den Planeten Erde Bewußtsein hineingeboren, nicht menschenähnliche, auch zunächst nicht tierähnliche Bewußtsein. Diese hatten – man kann es noch nicht als Körper bezeichnen, aber ihr Menschen versteht es ja sonst nicht – diese hatten lediglich energetische Teilaspekte der Elemente als Hülle um sich, Energieströme des Feuers, des Wassers, der Luft und der Erde. Solange ihr Menschen in dem gegenwärtigen Weltenbewußtsein lebt, werdet ihr eine solche Erklärung kaum verstehen.

Es bleibt mir leider nicht mehr allzu viel Zeit zum Sprechen übrig. Mein lieber Freund, der Torhüter dieses Instrumentes, steht neben mir und gibt mir ein entsprechendes Zeichen.

Lange bevor der Mensch einen Körper, ähnlich dem eurem, besaß, besuchten außerirdische Wesenheiten diesen Planeten, bevölkerten ihn und bauten ganze Kulturen auf. Ihr Menschen werdet Mühe haben, euch vorzustellen, daß Jahrmillionen vor eurer menschlichen Existenz Außerirdische mit ungeheurem Wissen und ungeheuren Kräften auf dieser Erde weilten. Die atmosphärischen Bedingungen waren nicht mit den heutigen gleichzusetzen, folglich waren auch ihre Körper anders strukturiert. Beim Gehen zum Beispiel berührten sie nicht den Boden, weil sie nicht vom Erdmagnetismus angezogen wurden. Sie schwebten mit Hilfe euch noch unbekannter, durch die Elemente bewirkter Kräfte über den Boden hinweg und konnten auch die Schwerkraft von Gegenständen aufheben. So war es für sie keine Kunst, fast unbegrenzt hohe Gebäude zu erstellen. Sie konnten nämlich an ihnen hochschweben und jedes Material an jeden beliebigen Ort transportieren. Und der heutige Mensch zerbricht sich immer noch den Kopf, wie die wenigen Zeugnisse, die aus späteren Kulturen zurückblieben, wohl erstellt werden konnten. Nun versteht ihr Menschen es, wenn ihr wollt.

Hohe Intelligenzen nahmen sich der Bewußtsein an, die sich im Erdenbereich entwickelten. Ihre energetische Ausstrahlung bewirkte, daß äußere Veränderungen eintreten konnten und sich Materie bildete, wie ihr sie kennt.

Doch nun werde ich mich schwingungsmäßig aus dem Körper dieses Instrumentes zurückziehen und es in seinem normalen Verstandesbewußtsein erwachen lassen. Diese Sitzung war anstrengend. Wir, die Engel des Herrn, sind durchströmt von Gott, sind wie Sonnen, die in eure Herzen strahlen und Licht in die Dunkelheit eures Menschseins tragen. Wir sind wie das helle Sprudeln eines Bachs. Wir bringen Freude in euer Gemüt, und mit dem Strom eures Blutes fließen unsere Bewußtsein durch eure Körper, durch euer ganzes Wesen. Begreift ihr Menschen, daß die göttliche Liebe euch durchströmt? Licht, Liebe und Heil! Gott zum Gruß!

Diese Übermittlung dauerte vierzig Minuten. Die körperliche Erschöpfung wich sehr bald einer inneren Ruhe. Ich nahm den Text bewegt zur Kenntnis und empfand eine tiefe Dankbarkeit.

Die Urzentralsonne

Mein Körper zeigte mir deutlich an, wie sehr die Arbeit am Buch ihn ermüdete. Ich bat ihn durchzuhalten, und aus meinem eigentlichen Sein strahlte ich ihm mit Hilfe meiner Vorstellungskraft Energien zu. Plötzlich stieg Freude in ihm hoch. Er verstand mich also, dankte mir mit dieser Schwingung. Bald darauf fielen mir die Augen zu, und alle Gedanken strömten meinem Helfer entgegen.

Während wir gemeinsam in eine andere Sphäre schwebten, stieg das Bild in mir hoch, daß unsere geistigen Freunde wie Brücken sind, die uns Menschen an die Ufer neuer Wirklichkeiten führen. Ich empfand die gelegentlich zu hörende Behauptung, wir dürften uns im Gebet nur an Gott selbst wenden und allein ihn um Hilfe bitten, als irrig. Gott hat in seiner Liebe für uns Menschen und für alle Wesen die vielfältigsten Formen des Beistandes erdacht. Wenn unsere Bewußtsein so weit entwickelt sind, daß wir sie erkennen, dürfen wir sie getrost annehmen, sofern wir es in dem ehrlichen Bemühen tun, Gott näherzukommen. Mein Helfer wies mich darauf hin, daß wir auch im täglichen Leben Hunderte von Hilfsmitteln benutzen. Wir schwimmen nicht durch den Fluß, wenn es eine Brücke gibt. Weshalb sollten wir die geistigen Hilfen nicht in ebenso selbstverständlicher Weise nutzen?

Mein Helfer führte mich in die sechste Astraldimension. Als ich mich einem Kreis von vierzehn anderen Schülern zugesellt hatte, entschwand er meinen Blicken, und ein feinstofflicher

Lehrer von großem, schlankem Wuchs setzte sich in unsere Mitte. Wellen violetter Schwingungen durchströmten uns. Wir wurden begrüßt mit den Worten: »Gott zu ehren, ihm zu dienen ist unsere Freude. Höret, was ich euch an diesem Ort der Nächstenliebe zu lehren habe.«

So wie es eure Sonne gibt, existieren Milliarden von Sonnen, um die sich Planeten drehen. Mehrere Sonnen mitsamt ihren Planeten kreisen um eine Mittelsonne und bilden zusammen mit ihr ein Sonnengebiet. Eine Mittelsonne übertrifft immer die Größe der um sie kreisenden Sonnen und Planeten um das Tausendfache. Die Mittelsonnen kreisen wiederum um ein Zentrum, in dem eine noch viel größere Sonne, die Allmittelsonne, glüht. Mehrere Allmittelsonnen ziehen ihre Bahnen um eine Hauptsonne oder Urzentralsonne. Alle Urzentralsonnen zusammen machen den Funken Gottes aus, aus dem am Anfang Licht wurde. Eure wie auch unsere Vorstellungskraft reicht nicht aus, um die gewaltigen göttlichen Formen, die unendlichen Ätherräume zu begreifen. Auch höchstentwickelte Bewußtsein haben keinen Zugang zu dieser Ewigkeit, zu Gott, bevor sie nicht endgültig im wahrsten Sinne des Wortes wieder mit ihm verschmolzen sind.

Jedes neue Zeitalter ist von langsam sichtbar werdenden Veränderungen gekennzeichnet, zum Beispiel des Klimas, aber auch der Menschen selbst. Alle Sonnen und Planeten strahlen ungeheure Mengen von Energie aus. Man spricht von einem neuen Zeitalter, wenn die Einstrahlungen der Mittelsonnen auf die um sie kreisenden Sonnensysteme sich verändern. Dadurch verändern sich nicht nur, wenn auch sehr langsam, der Lauf gewisser Planetenbahnen, sondern auch die elektromagnetischen Wellen des Lichts. In Zeitabständen von Tausenden von Jahren, in der Regel sind es 26 500, vollziehen sich Umwandlungsprozesse in der Materie und in den Bewußtsein aller sich entwickelnden Menschen und Wesen.

Wir stehen jetzt am Beginn eines solchen neuen Zyklus von 26 500 Jahren. Sämtliche Schwingungszustände in allen Sphären wandeln sich. Gewaltige Explosionen und Temperaturveränderungen werden nicht nur auf den Planeten Erde einwirken. Alle Galaxien, alles Existierende wird in irgendeiner Weise davon betroffen. Wenn dann der vieldiskutierte Bewußtseinssprung stattfindet, werden sogar die Menschen erkennen, daß auch die Materie von Geist beseelt ist. Doch versucht nicht, euch diese gewaltigen Umwandlungsprozesse vorzustellen! Fürchtet euch nicht davor! Alle, die Hilfen annehmen wollen, werden sie auch erhalten.

Auch diejenigen, die an der Wende der Zeit nicht in einem materiellen Körper inkarniert sind, werden die Umwandlungen miterleben, denn niemand kann sich vom göttlichen Geschehen ausschließen. So steht es geschrieben. Gebt euch Mühe, liebe Freunde, über die Hülle des gegenwärtigen Körpers hinaus zu denken, zu empfinden, zu handeln, denn nur so werdet ihr fähig, im Sinne Gottes zu lieben. Geht nun in Frieden! Lebt und verbreitet die Botschaft der Liebe! Ich, wir alle lieben euch, aber von niemandem seid ihr mehr geliebt als von Gott, eurem, unserem gemeinsamen Vater.

In Begleitung meines Helfers schwebte ich in meinen Körper zurück. Als ich im Tagesbewußtsein erwachte, hatte ich einen starken Drang nach Abwechslung und rief einige Freunde an. Es war ausnahmsweise eine Wohltat für mich, über belanglose Dinge zu sprechen.

Das Wurzel- und das Sexualchakra

Das Wurzelzentrum, das am unteren Ende der Wirbelsäule, in der Gegend des Steißbeins liegt, wird manchmal auch das Grundchakra oder Steißchakra genannt. Seine blütenähnliche Form ist der Erde zugewandt. Somit stellt sich das Wurzelzentrum als Gegenpol zum Scheitelzentrum dar, das sich nach oben zum Himmel öffnet, während das Genickchakra nach hinten, das Milzchakra, das Sonnengeflecht, das Herz-, Hals- und Stirnzentrum nach vorne gerichtet sind. In der dunkelroten Grundfarbe des Wurzelzentrums, die wie brodelnde Lava erscheint, glüht ein starkes Orange. Es ist, als würden sich Millionen von kleinsten Glühwürmchen kreisförmig fortbewegen. Die langgezogenen, wellenförmigen Schwingungskreise drehen sich, von außen gesehen, im Uhrzeigersinn. In seiner Mitte hat das Wurzelchakra einen kleinen blutroten Ring. Seine Schwingungen sind erheblich schneller als die der äußeren, langgezogenen Schwingungskreise. Der Ring gleicht einem Wirbel, der in seiner Mitte eine Vertiefung aufweist, die wie ein Sog die Energien in sich hineinzieht. Die Energieströme aus der Erde werden von ihm angesogen, umgewandelt und verteilt. Gewisse Energien fließen in das Rückenmark und die Nervenbahnen entlang in die Organe, während andere wiederum direkt vom Ätherleib aufgenommen und den übrigen feinstofflichen Körpern vermittelt werden.

Das Wurzelzentrum nimmt aber nicht nur Energien aus dem Erdinnern, sondern auch direkt aus dem Kosmos auf. Die kosmische Energie fließt nicht wie die Erdenergie in wellenförmigen

Kreisen in das Innere des Blütenkelches hinein, sondern direkt durch vier gradlinige Kanäle in den inneren Wirbel und teilt so die Blüte in vier Blätter. Wenn wir diese gradlinigen Kanäle mit den Speichen eines Rades vergleichen, entspricht der blutrote Ring in der Mitte der Nabe. Vom innersten Punkt des Wurzelchakras aus zieht sich ein feinstofflicher, leicht nach oben verlaufender Kanal zur Wirbelsäule und verbindet sich mit dem Rückenmark sowie den anliegenden Nervenbahnen. Durch diesen Kanal, den ich mit einem Blumenstiel verglichen habe, fließen gewaltige elektromagnetische Ströme und setzen in einer Art Entladung sprühende Energiefunken frei, die sich als Lebenssubstanz im physischen Körper und in den feinstofflichen Körpern verteilen. Der Funktion des Wurzelchakras verdanken wir Menschen unsere Gefühle der Verbundenheit mit der Erde und der Natur.

Es gibt Energien, die in einem Kreislauf durch alle Chakras strömen. Wie das Herz den Blutkreislauf antreibt, so werden die kosmischen Energien in dem für uns unsichtbaren Energiekreislaufsystem vom Wurzelchakra in alle feinstofflichen Bereiche befördert. Man kann also das Wurzelchakra das feinstoffliche Herz nennen.

Seine energetischen Ausschüttungen sind auch verantwortlich für die körperliche und seelische Widerstandskraft. Im Wurzelchakra wie in allen anderen Energiezentren geschieht die Energieaufnahme und -abgabe im pulsierenden Rhythmus, wie durch sich öffnende und schließende Ventile. Störungen dieses Ventilsystems im Wurzelzentrum bewirken Erkrankungen im körperlichen wie auch im psychischen Bereich, während Störungen in den übrigen Chakras meist nur lokale organische Schwierigkeiten auslösen. Wenn im Wurzelzentrum ein totaler Verschluß stattfindet und das feinstoffliche Herz von allen lebenserhaltenden kosmischen Energien abgeschnitten wird, kommt das ihm angeschlossene Energiekreislaufsystem zum Erliegen. Man kann von einem feinstofflichen Herzinfarkt sprechen. Läßt sich das Wurzelzentrum nicht wieder aktivieren, bricht nach gewisser Zeit das menschliche Immunsystem ganz zusammen, weil spezielle kosmische Energien den Körper nicht mehr erreichen.

In einer solchen Situation versuchen zunächst alle übrigen Chakras, im Ausgleich diese Energien aufzunehmen, um den langsam voranschreitenden Zerfall aufzuhalten – jedoch ohne Erfolg. So wie der Magen nicht die Aufgaben der Lungen erfüllen kann, vermag ein Chakra nicht die Aufgaben eines anderen zu übernehmen. Die Zentralverwaltung für das Versorgungs- und Abwehrsystem gerät außer Kontrolle. Durch den Mangel an kosmischer Energie wissen die Organbewußtsein im Laufe der Zeit nicht mehr, wer ihre Freunde oder ihre Feinde sind. So kommt es, daß artgleiche Zellen sich untereinander bekämpfen. Es herrscht Krieg im Körper, der unweigerlich zum Tod führt.

Könnte die tödliche Wirkung des Aids-Virus durch die absolute Blockierung des Wurzelchakras zustandekommen? Würde man sich doch vermehrt mit den feinstofflichen Bereichen des Körpers beschäftigen! Fordert nicht die Aids-Krankheit uns heraus, diesen Forschungszweig auch wissenschaftlich zu erschließen? Warum sind wir mit soviel Blindheit geschlagen? Ich versank in eine große Traurigkeit. Doch dann sah ich plötzlich vor meinem inneren Auge die Menschen des Neuen Zeitalters, ihre Erkenntnisse über die Feinstofflichkeit und ihren selbstverständlichen Umgang damit; meine innere Verzweiflung schwand, als dieses Bild sich wie eine tröstende Hand auf mich legte.

Unsicherheit und Labilität, Krankheiten in den Beinen, im Beckenbereich oder im unteren Teil der Wirbelsäule deuten auf eine Über- oder Unterfunktion des Wurzelzentrums hin. Störungen in ihm lassen oft auch überdurchschnittliche Lebensangst entstehen, die manchmal bis zum Verfolgungswahn führt. Chronische Leiden sind oft unheilbar, weil ihre Ursachen in Störungen dieses so wichtigen Zentrums liegen.

70

Ich atmete einige Male tief ein und aus und nahm wahr, wie sich mein meditativer Zustand weiter vertiefte. Ein unbeschreibliches Gefühl inneren Friedens durchströmte mich. Als wieder Bilder vor meinem geistigen Auge auftauchten, wurden sämtliche Gedanken sofort unterbrochen. Ich hatte den Eindruck, auf einer anderen Wellenlänge zu empfangen, und spürte, daß ich besonders Wichtiges über die Funktion des Wurzelzentrums erfahren sollte.

Daß der Mensch vom göttlichen Ursprung nicht abgetrennt ist, daß diese Ahnung trotz aller Zweifel und Unsicherheiten in ihm lebt, hat seine Ursache im Wurzelzentrum. Wir können uns Gott, den Urgrund allen Seins, der als feinster Äther, als unteilbare Kraft alles Existierende durchströmt, als eine Art unerschöpfliche, liebeverströmende Lichtquelle vorstellen, zusammengesetzt aus Myriaden von Schwingungszuständen und Bewußtsein. Als ein Teil dieser Bewußtsein sich durch die Kraft des freien Willens aus der göttlichen Harmonie löste und sich eigenständig entwickelte, gingen diese »abgefallenen« Bewußtsein dennoch nicht ihres Geburtsrechtes verlustig, wurden sie nicht von der göttlichen Lichtquelle abgeschnitten. Immer ist der Mensch auf sehr reale Weise in direkter Verbindung mit der göttlichen Urkraft geblieben.

Ich war aufs höchste überrascht und zugleich tief bewegt, als ich sah, daß diese Kraft über den Wirbel des Wurzelzentrums in den Menschen einströmt und von dort durch seinen physischen und seine feinstofflichen Körper fließt. Der Satz: »Gott ist in uns, und wir sind in ihm« drängte sich mir auf. Ich bebte vor Erregung, als mir dann auch noch gezeigt wurde, daß diese Energie in ihren drei göttlichen Aspekten im Menschen auftritt und wirksam wird.

Entsprechend führen vom Wurzelzentrum aus drei Hauptkanäle – man nennt sie auch Meridiane – das Rückgrat hinauf bis zum Scheitelzentrum. Der mittlere feinstoffliche Kanal umschließt das Rückenmark. Es wird vom Urbewußtsein, vom feinsten Äther, dem göttlichen Gedanken, durchströmt. Für diesen unwandelbaren Aspekt der göttlichen Liebe gebrauchen wir vielfach den Namen Gottvater. Ich las den Satz: »Am Anfang war das Wort«, und verstand darunter das gedachte, noch nicht ausgesprochene, das unmanifestierte Wort. Die stärkste Ausstrahlung des Urbewußtseins sah ich im inneren wirbelartigen Kreis des Wurzelzentrums, den man sich als das glühende Innere eines Vulkans vorstellen kann.

Als ich den zweiten Kanal betrachtete, der neben der Wirbelsäule in der linken Körperseite verläuft, las ich: »Und das Wort ist Fleisch geworden.« Ich verstand darunter den manifestierten Gedanken, das ausgesprochene Wort, den sich offenbarenden Vater, die Brücke zwischen Schöpfer und Schöpfung. Diesen zweiten Kanal durchströmte die Energie des Christusbewußtseins, das wir als Gottsohn zu bezeichnen pflegen, eine Manifestation des göttlichen Ursprungs.

In dem rechts von der Wirbelsäule verlaufenden Kanal fließt der dritte Aspekt des Göttlichen, die Kraft des Heiligen Geistes, die vom Vater und vom Sohn ausgeht und den bewirkenden Aspekt darstellt, die Tätigkeit der göttlichen Liebe. In der Chakralehre wird diese Kraft auch Kundalini oder die Schlangenkraft genannt. Gottvater, Gottsohn und der Heilige Geist sind keine Personen, sondern drei unterschiedliche Aspekte von Kräften, die immer ein und dasselbe sind, nämlich Gott. Es sind drei Eigenschaftsnamen der einen göttlichen Energie, die in ununterbrochenem Fluß alles Leben erhält.

Das menschliche Wurzelchakra ist also mit diesem unendlichen Kräftereservoir in ständiger Verbindung. Natürlich wird nur ein geringer, dem Bewußtsein angepaßter Teil dieser Energien in den menschlichen Körper geleitet, weil ein Zuviel den sofortigen Tod bedeuten würde. Nur der Grad der Bewußtseinsentwicklung entscheidet über die Fähigkeit, göttliche Energie aufzunehmen, die der Heilige stärker manifestieren kann als sein unentwickelter Bruder. Doch auch er wird empfänglicher für sie mit jeder Tat der selbstlosen Nächstenliebe.

Plötzlich sehe ich sowohl das Wurzel- als auch das Herz- und Stirnzentrum. Über ihren Wirbeln liegt je ein durchsichtig schimmerndes Dreieck, das silbrig leuchtet und einen Hauch von Rosa ausstrahlt. Seine Fläche besteht aus unzähligen Poren, kleinsten Öffnungen, nicht größer als die Spitzen feinster Nähnadeln. Das Dreieck ist die feinstoffliche Schutzvorrichtung, die verhindert, daß die im Wurzelzentrum ruhende gewaltige Kundalini-Energie, der wirkende Aspekt der göttlichen Kraft, ungehemmt nach oben strömt. Sie dosiert den Fluß dieser Energie, so daß nur die verträgliche Menge in die Organe, in den Ätherleib und die übrigen feinstofflichen Körper geleitet wird.

Wenn jemand aus Neugierde die Kundalini-Kraft entfesselt, zerreißt das Filtersystem, und alle Bewußtsein sowie die Körperorgane erleiden in den meisten Fällen irreparable Schäden. Dagegen vergrößern sich die Filteröffnungen auf natürliche und harmonische Weise, das heißt mehrere Poren verschmelzen jeweils zu größeren Öffnungen, wenn ein Mensch bewußt bestimmte Entwicklungsschritte tut, wenn er zum Beispiel lernt, sich nicht mehr gegen die täglichen Belastungen, gegen seelische Verletzungen und Leiden aller Art aufzulehnen, wenn er sie stattdessen als Chance, innerlich zu wachsen, erkennt und annimmt, oder wenn er sie gar freudig als Opfer zum Besten der Menschen oder anderer Wesen darbringt. Sobald alle Bewußtsein eines Menschen nur noch aus der göttlichen Harmonie leben, bleiben lediglich die silbrig glühenden Seiten des Dreiecks übrig, und durch diese Pforte kann die Schlangenkraft ungehindert hinauf bis zum Scheitelzentrum fließen.

Ich sehe, daß im Innern des Wurzelchakras ein elektrisches Feld pulsiert, das nach außen ein Magnetfeld erzeugt. Wenn die durch das Wurzelzentrum aufgenommenen Energien sich durch das Scheitelzentrum in den Ätherkörper ergießen, entsteht eine neue Energieform, die als leicht rosa getönte, fast wäßrige Substanz vom feinstofflichen Nervensystem des Ätherkörpers aufgenommen wird. Der Ätherkörper gibt diese Lebenskraft über die Poren der Gesundheitsaura an den physischen Körper weiter. Sie ummantelt alle Nerven und gibt ihnen Schutz und Nahrung. Nicht nur die Organe, sondern auch die Nerven haben eine Art Bewußtsein und leben von dieser kosmischen Nahrung. Sie ist im besonderen im Sonnenlicht enthalten, aus dem das Nerven- und Muskelsystem sich mit Vitalität auflädt.

Dieses so gebildete Nervenfluidum ist auch die Kraft, die ein Mensch auf einen anderen ausstrahlen kann. Menschen mit einer besonders starken Vitalität verströmen »Kraft in ihre Umwelt«. Deshalb suchen Schwächere gerne ihre Nähe, da sie unbewußt aufgeladen werden, ohne daß der Spender darunter leiden müßte. Magnetopathen, die diese überschüssige Kraft bei sich feststellen, können diese nervenstärkende Energie in sich sammeln und auf einen geschwächten Menschen übertragen.

Die Kräfte im Wurzelzentrum, die in einer von der Entwicklung des Bewußtseins bestimmten Dosierung in die übrigen Chakras fließen, sind verantwortlich für deren Entfaltung. Sobald eine Phase der Bewußtseinsentwicklung abgeschlossen ist, strömt durch die drei Kanäle aus dem Wurzelzentrum vermehrt göttliche Energie über das Rückenmark und die Blumenstiele in die übrigen Chakras. Durch ihre so bewirkte Ausweitung können sie, die ihrerseits ständig kosmische Energie auch direkt aufnehmen, dies nun verstärkt tun. Die Mehrenergie wird im Gehirn in neue Gedanken und Ideen transformiert, die auch vom Verstandesbewußtsein erkannt und akzeptiert werden, und neue Erkenntnisse und Wahrheiten erblicken das Licht der Welt.

Eine aus ätherischer Masse bestehende Dimension, in der auch Leben vorhanden ist, ist die Astralsphäre. Sie gewährleistet allen Menschen eine Weiterentwicklung im Astralleib nach Ablauf des irdischen Lebens. Sie ist auch die Dimension, in der alles Gedankengut gesammelt wird. Häufig nennt man diese Ebene auch die Akasha-Chronik oder das Weltengedächtnis. Ich konnte es kaum fassen, als ich in dieser Meditation erfuhr, daß alles in der vierten Astraldimension vorhandene Wissen in unserem Wurzelchakra verankert ist und sich im Unterbewußtsein widerspiegelt. Aus ihm heraus wird es dann dem Verstand zugänglich. Das bedeutet, daß seit Anbeginn jeglichen Geschehens alles Wissen in uns Menschen vorhanden ist. Jedoch haben wir, wie schon ausgeführt, nur gemäß der Entwicklung unseres Bewußtseins Zugang zu ihm.

Meine Helfer baten mich an dieser Stelle inständig, vor Wurzelchakra-Übungen ohne Anleitung nachdrücklich zu warnen. Alle Entwicklungen des Menschen laufen nach kosmischen Gesetzen ab. Alles muß erarbeitet werden, nichts können wir erzwingen. Wenn wir in die wunderbare harmonische Steuerung der Energien in unserem Körper in falscher Weise eingreifen, zerstören wir uns selbst, und weder andere Menschen noch unsere Schutzengel können uns helfen.

In meinem Buch *Das Wunder der Meditation* habe ich schon darauf hingewiesen, wie gefährlich es ist zu versuchen, das Wurzelzentrum gewaltsam zu öffnen. Die aus Neugierde oder Unwissenheit entfesselten Kräfte durchströmen unkontrollierbar alle Körper und können zum Wahnsinn oder zu schwersten physischen Krankheiten führen. Der gewaltsame Ausbruch der im Wurzelchakra ruhenden Energien ist einem Dammbruch ähnlich, der eine Flut entfesselt, die alles mit sich in die Tiefe reißt und unter sich begräbt.

Diese Warnungen gelten auch für den Umgang mit dem Sexualchakra. Da schon durch die Lektüre und die gedankliche Befassung mit einem Chakra Energien in ihm aktiviert werden, hatten meine geistigen Führer Informationen über das Sexualzentrum zunächst bewußt zurückgestellt, baten mich aber, vor Erscheinen der vierten Auflage von *Die Umpolung*, folgende zusätzliche Erklärung in das Kapitel aufzunehmen:

Das aus vier Blütenblättern zusammengesetzte Sexualchakra, das in der Schambeingegend liegt, strahlt in dunkelroten bis orange-farbenen Tönen. Obwohl es eng mit dem Wurzelzentrum verbunden ist, entwickelt es eine eigenständige energetische Aktivität. Beeinflußt das niedere Selbst die Gedankenwelt eines Menschen stärker als sein Hohes Selbst, werden die Energien der feinstofflichen Kreisläufe vorwiegend nach unten gezogen, und der Sexualtrieb, aber auch die allgemeine Triebhaftigkeit beim Essen und Trinken sowie die Süchte nehmen zu. Ist die materielle und geistige Entwicklung im Menschen ausgewogen, halten sich die nach unten und nach oben fließenden Energien die Balance. Es ist gegen die natürlichen Körpergesetze und kann schädlich sein, wenn ein Mensch ohne die entsprechende Bewußtseinsreife seine Sexualkraft unterdrückt und sich Enthaltsamkeit auferlegt, beispielsweise weil er sich nur noch geistig entwickeln möchte. Das kann Zwänge in der Gefühlswelt auslösen und zu Verdrängungen führen. Häufig sind Energieblockaden in den feinstofflichen Kreisläufen und im Ätherleib die Folge. Dauern solche Blockaden über einen längeren Zeitraum an, können sie sich in körperlichen Krankheiten Ausdruck verschaffen.

Wenn im Laufe vieler Leben und Entwicklungen die Frequenz der Chakras so erhöht wird, daß das Hohe Selbst auf ganz natürliche Weise die Führung des Lebens zu übernehmen beginnt, strömen automatisch alle Energieformen mehr und mehr nach oben. Dies bedeutet, daß man die Gesetze des Planeten und des Körpers zunehmend beherrscht und damit auch, ohne sich Zwänge aufzuerlegen, die körperlichen Bedürfnisse wie die der Sexualität, des Essens, des Trinkens und des Schlafens.

Die sanfte Aktivierung des Wurzelchakras

Da mir die folgende Meditationsanleitung von meinem Helfer Nikodemus vermittelt wurde, ist es verantwortbar, durch diese Wortschwingungen ausnahmsweise das Wurzelzentrum sanft zu aktivieren. Nicht nur hilft diese Meditation, bei einem Verschluß des Chakras den gesundheitlichen Zustand zu verbessern, sondern es werden auch in angemessener Weise alle übrigen Energiezentren aufgeladen, ausgedehnt, in ihren Frequenzbereichen etwas erhöht und harmonisiert.

Wir dürfen nicht vergessen, daß wir, ob nun gesund oder krank, eigentlich jede Minute an der Schwelle stehen, die uns, wenn wir sie zu überschreiten haben, in eine andere Daseinsform hineinführt. Deshalb ist es von größter Wichtigkeit, daß wir uns immer mehr bewußt werden – und es liegt mir viel daran, dies so oft wie möglich zu wiederholen –, daß unser eigentliches Wesen nicht mit unserem Körper identisch ist. »Ich bin ein geistiges Wesen und habe einen Körper.« Ich bitte Sie, liebe Leser, diesen Satz mehrmals täglich zu wiederholen, damit Ihr Verstandesdenken sich von dieser Gewißheit überzeugt.

Diese Gewißheit kann Ihnen auch im Krankheitsfalle helfen und manche Einnahme von Medikamenten überflüssig machen. Sagen Sie sich: »Mein Körper ist krank. Ich, das geistige Wesen, das ich bin, wende mich ihm liebevoll zu. Ich, das Wesen, das ich bin, stärke durch die Kraft des Geistes meinen Körper, harmonisiere ihn und liebe ihn.« Sie werden nach einiger Übung aus diesem neuen Bewußtsein heraus leben können.

Wenden wir uns nun der sanften Aktivierung des Wurzelzentrums zu. Es ist von größter Bedeutung, daß wir während dieser Meditationsübung weder durch das Klingeln des Telefons noch durch andere Störungen aus dem entspannten Zustand herausgerissen werden. Wir dunkeln den Raum etwas ab und zünden eine Kerze an. Wir legen uns, wenn möglich, hin, mit dem Gesicht nach Norden. Wir schließen dann die Augen und behalten sie während der ganzen Meditation geschlossen. Sie können diese Meditation auch selber wortwörtlich auf Band sprechen, denn es wird ihnen leichter fallen, wenn sie sich nicht an den geschriebenen Text erinnern müssen.

Wir haben nun unsere Augen geschlossen. Wir atmen einige Male durch das Sonnengeflecht tief ein und aus. Gedanklich folgen wir unserem Atem, wie er sich in die Lungen hinein verteilt. Wir erinnern uns, daß wir einen Körper haben, aber nicht unser Körper sind. Wir bleiben mit unserem Gefühl, unserem Bewußtsein im Körper drin, bis er entspannt ist. Unser Bewußtsein fließt spiralförmig durch die Füße, die Unter-, die Oberschenkel, durch das Gesäß, den Bauch mit seinen Organen, den Rücken, den ganzen Oberkörper, durch den Hals und den Kopf; und von den Fingerspitzen her durch die Hände, Arme, durch das Schultergelenk, in den Nacken und hinauf in den Kopf. Langsam geht unser Atem. Die Bewußtsein unserer Organe, Nerven, Drüsen und Zellen entspannen sich. Ihre Tätigkeit ist auf ein Minimum reduziert. Wir überlassen unseren Körper ganz dem Bett, auf dem wir liegen. Unser Körper ist eingehüllt vom Ätherleib. Wie eine schützende Haut umschließt dieses feinstoffliche Energiefeld unseren physischen Körper.

Mit dem nächsten tiefen Ausatmen verlassen wir jetzt unseren Körper. Wir stellen uns dabei vor, daß das geistige Wesen, das wir sind, aus dem Körper austritt. Es setzt sich neben unseren Körper. Dieses geistige Wesen sieht unserem physischen Körper sehr ähnlich, ist wie sein Schattenbild. Wir denken, empfinden nur in ihm. Unser Körper schläft tief. Wie ein leerer Umschlag liegt er da. Durch die Verbundenheit mit Gott ist unser geistiges Wesen zu schöpferischen Gedanken fähig. Es betrachtet jetzt seine Wohnung. Es schwebt über unserem Körper und legt seine feinstofflichen Hände auf die Augen unseres Körpers. Es richtet seine ganze Atmung, die nichts anderes ist als Energieausströmung, auf unser geistiges Auge. Es vollzieht sich eine Energieaufladung im Ätherkörper. Diese Energie strömt nun langsam über die feinstofflichen Poren in alle Zellen. Leichte Stromimpulse durchzucken unseren schlafenden Körper. Die feinstoffliche Batterie wird immer mehr aufgeladen. Dankbar nehmen alle Bewußtsein in den Organen diese Energien auf. Jene Zellen, die sich zum Schaden des Körpers untereinander bekämpfen, schließen Brüderschaft. Alle Funktionen regenerieren sich. Alle Bewußtsein in den Organen erkennen ihre Aufgabe. Sie schließen Frieden untereinander und beenden den Krieg.

Nun, da unser Freund, der Körper, harmonisiert, mit Energie vollgepumpt ist, da Frieden in ihm herrscht, kehrt das geistige Wesen, das wir sind, mit dem nächsten Einatmen in ihn zurück und versenkt sich in das Wurzelzentrum, das, eingebettet im Ätherkörper, am untersten Punkt der Wirbelsäule liegt. Seine Blütenblätter sind klebrig und fast zusammengekrümmt. Es ist, als ringe es nach Luft, nach kosmischer Energie. Das geistige Wesen, das wir sind, fließt nun durch die gradlinigen Kanäle des Wurzelzentrums. Aus der göttlichen Kraft heraus ist es fähig, die Kanäle zu reinigen, durchlässig zu machen für die kosmischen Energien. Dann streicht es sanft die Blätter gerade; und auch hier vermag die Kraft des göttlichen Geistes die Schwingungsfelder zu harmonisieren, so daß die Energien aus der Erde und aus dem Kosmos über das Wurzelzentrum wieder eingeführt werden können. Das geistige Wesen belebt das Wurzelzentrum. Wir spüren, wie unser Körper, unsere Organe tief atmen, wie neue Energie uns durchfließt. Es ist, als wären wir an feinstofflichen Sauerstoff angeschlossen worden.

Das, was in uns zusammengefallen war, wird von diesem geistigen, feinstofflichen Sauerstoff wieder belebt. Alle Disharmonien, alle Funktionsstörungen verschwinden.

Nun fließt das geistige Wesen aus dem Blütenkelch durch den Blumenstiel in das Rückenmark. Sanft dehnt sich das Wurzelzentrum aus, es atmet wieder. Es versorgt uns mit Lebenskraft, mit göttlicher Energie. Blockierte Energien fließen jetzt impulsartig durch das Rückenmark hinauf bis zum Scheitel. Dort ergießen sie sich in unseren Ätherkörper, und die durch die Ausgießung umgewandelten Kräfte strömen den Organen zu, den Zellen, den Drüsen und Muskeln. Sie laufen die Nervenbahnen entlang. Das geistige Wesen redet mit allen Organen: »Du, mein lieber Körper, der du mein echter Freund bist, ich liebe dich; und die Kraft des Geistes, die göttliche Kraft, durchströmt dich. Du bist Licht, du bist Kraft, du bist Gesundheit. Du bist Schönheit und Liebe.« Das geistige Wesen fließt durch alle Organe und vermittelt ihnen Gesundheit und Harmonie. Es sagt: »Körper, du, der du mein Tempel bist, ich bin geborgen in dir, ich umarme dich, denn du bist mein treuer Diener. Es wird die Zeit kommen, wenn meine Entwicklung in dir abgeschlossen ist, daß ich dich verlasse. Du weißt, daß das so ist, und ich danke dir, daß du dich mir nicht entgegensetzt, wenn dieser Moment an mich herantritt. Ich danke dir, daß, wenn die Zeit reif ist, ich mich von dir in Liebe verabschieden und ich leicht aus dir heraustreten kann. Doch solange ich mich in dir entwickle, bist du durch die Kraft des Geistes heil, harmonisch und gesund. Du, mein lieber Körper, ich beende für jetzt das Gespräch mit dir. Ich bleibe mit dir in Freundschaft verbunden. Wann immer du mich rufst, sei es mit dem Ausdruck eines Schmerzes oder auf andere Weise, höre ich dich und wende mich dir zu. Vergiß nicht, niemals, daß die Kraft Gottes, die uns durchströmt, dich und mich in Gesundheit zusammenhält. Aus mir heraus verrichtest du nun deine Aufgabe.«

Das geistige Wesen, das wir sind, weckt nun sanft unseren Körper auf. Wir sind in Harmonie. Wir sind Körper, Seele und Geist, wir sind heil und gesund, wir sind Liebe und Kraft. Ganz bewußt schließen wir nun, indem wir uns dies geistig vorstellen, das Scheitelzentrum, das geistige Auge, das Hals- und Genickzentrum, das Herzzentrum, das Sonnengeflecht, das Milz- und das Wurzelzentrum. Mit dem Gedanken und der Gewißheit, daß wir Liebe sind, Gesundheit und Kraft, kehren wir in unser normales Tagesbewußtsein zurück. Wir atmen tief ein und aus und öffnen unsere Augen.

Führen wir die Schließbewegung mit den Händen aus, dringt sie besser in unser Bewußtsein. Wir halten zunächst beide Hände in der Magengegend übereinander, ohne daß sie den Körper berühren. Wir halten sie übereinander und fahren mit ihnen den Körper hinauf über den Kopf, den Scheitel, bis hin zum Genick. Dann lösen wir die Hände voneinander und gehen zurück in die Anfangsposition. Dieses Streichen über den Ätherkörper wiederholen wir zehn- bis fünfzehnmal.

Um Gefahren abzuwenden, ist es ganz besonders wichtig, daß wir das Wurzelzentrum separat, und zwar manuell, schließen. Im Stehen legen wir beide Hände nebeneinander hinten auf das Steißbein. Dann fahren wir mit der rechten Hand über die rechte und gleichzeitig mit der linken Hand über die linke Hüfte und seitwärts auseinander, gehen dann mit den Händen in die Ausgangsposition zurück und wiederholen das Ganze dreißigmal. Wer bettlägerig oder aus anderem Grunde an der manuellen Schließung gehindert ist, muß sie im Geiste ausführen. Wenn er es hinreichend oft tut, tritt dieselbe Wirkung ein.

Das Werden des Menschen

Nach der Beschreibung des Wurzelzentrums behandelten meine geistigen Freunde in einer Sitzung, die ich wiederum auf Tonband aufnahm, das Werden des Menschen und zeigten dabei auf, daß das älteste seiner Chakras das Wurzelzentrum ist.

Als sich ein Teil der ursprünglichen Bewußtsein aus der Einheit löste und in die Gesetzmäßigkeit von Ursache und Wirkung fiel, mußten diese eigenständigen Bewußtsein, die gefallenen Götter, lernen, sich frei zu entwickeln. Durch den Fall waren viele von ihnen sich anfänglich der Kraft ihres freien Willens, der schöpferischen Kraft des Geistes nicht bewußt. Sie konnten nicht aus sich selbst heraus handeln, noch sich selbst und die Auswirkungen ihres Lebenszustandes erkennen. Wie neugeborene, noch blinde Wesen versuchten sie, sich wahrzunehmen und ihre Kräfte in irgendeiner Weise zu betätigen.

Sie entwickelten sich in einer feinstofflichen, ätherischen Masse, in der alle Substanzen und Energien vorhanden waren, damit die Entwicklung über Milliarden von Jahren hinweg bis hin zum Menschen stattfinden konnte. Im Laufe der Zeit verfeinerte sich die ätherische Masse mehr und mehr, die Energien veränderten sich, und über unzählige Stromwege ergossen sie sich in alle Dimensionen. Die anfänglich sich entwickelnden Bewußtsein hatten keinen Körper nach menschlicher Art zur Verfügung. Sie konnten nicht aufrecht gehen und sahen aus wie kriechende Wesen, ähnlich den Raupen, wie wir sie heute noch kennen. Doch nicht alle Bewußtsein wählten denselben Weg. Auch waren nicht alle gleich tief gefallen. Viele von ihnen entwickelten sich, als Sonnen und Gestirne entstanden waren, auf den verschiedensten Planeten. Diejenigen, die das hohe Wissen behalten hatten, wie mit kosmischer Energie und den Kräften der Elemente umzugehen sei, und sich nicht über das Tier entwickelten, erarbeiteten sich im Laufe der Zeit eine Wesensart, die der des Menschen weit voraus war.

Es gab Planeten, auf denen sich Wesen nur mit der Technik, andere, auf denen sie sich ausschließlich mit der Gesundheit befaßten. Wesen auf noch anderen Planeten wiederum waren in ihrer Gedankenstruktur so modelliert, daß sie sich nur der Entwicklung von Formen oder Pflanzen widmeten. Alle diese Entwicklungen sind die vielfältigen, unzähligen Auswirkungen des freien Willens, der schöpferischen Kraft des Geistes.

Diese Intelligenzen waren mit ihrer Hülle, einem feinstofflichen Schwingungsfeld, den unterschiedlichen planetarischen Strukturen angepaßt. So wie der Körper das Kleid des menschlichen Wesens ist, waren diese Schwingungshüllen, diese feinstofflichen Leiber, die Behausung dieser geistigen Wesen. Sie hatten neben dem Wurzelzentrum bereits das Milzchakra und das Sonnengeflecht entfaltet, als der Mensch dieses Planeten Erde noch allein aus den Energieströmen des Wurzelzentrums lebte.

Die feinstofflichen außerirdischen Wesen trugen nie die Ketten des menschlichen Verstandes. Ebensowenig waren und sind sie eingezwängt in die Grenzen unseres Zeitbegriffs. Sie können Gedanken materialisieren. Distanzen überwinden sie einerseits durch die Kraft der Gedanken, andererseits verfügen sie über hochentwickelte Flugobjekte. Vor allem der Planet Jupiter beherbergt Wesen, die leicht Kontakt zu irdischen Menschen herstellen.

Als die außerirdischen Wesen auf den anderen Planeten die

armen menschlichen Kreaturen in ihrer Entwicklung beobachteten, ließ der Strahl der allumfassenden göttlichen Liebe in ihnen den Gedanken entstehen, sich ihrer anzunehmen. In Flugobjekten erreichten sie den Planeten Erde. Sie nahmen eine menschenähnliche Gestalt an, wobei nicht vergessen werden darf, daß der damalige Mensch dieser Erde in seinem Entwicklungsstand nicht mit dem heutigen verglichen werden kann. Die außerirdischen Besucher förderten in jeder Weise die Entwicklung der Menschen, und es gab Wesenheiten, die sich mit ihnen paarten. Ihre Kinder kamen zusätzlich mit einem Milzchakra und einem Sonnengeflecht zur Welt. Immer weiter ging die Entwicklung des Menschen. Denn trotz der noch affenähnlichen äußeren Gestalt waren diese Wesen bereits Menschen. Durch die vermehrte Aufnahme kosmischer Energie über die zusätzlichen Chakras und die Umsetzung zu immer neuen Gedanken und Ideen im Gehirn war ein kontinuierlicher Fortschritt möglich.

Es hat immer wieder im Laufe der Entwicklung Zeiten gegeben, in denen außerirdische Wesen mit hohem Bewußtsein auf die Erde kamen, und das wird auch künftig so sein. Sehr schnell hatten sich bei ihnen auch die übrigen Chakras gebildet. Als sie sich danach wieder mit dem inzwischen weiterentwickelten menschlichen Wesen vermählten, wuchsen auch in ihm im Laufe der Zeit die übrigen Chakras: das Herzchakra, das Hals- und Genickchakra, das geistige Auge und das Scheitelzentrum.

Es gibt auf diesem Planeten Erde Menschen, die ein ständiges Sehnen, eine Art Heimweh in sich spüren und fest an außerirdische Wesenheiten glauben. Sehr oft sind sie Kinder dieser Wesen. Dies bedeutet, daß sie sich nicht wie die Mehrzahl der Menschen in den Phasen zwischen ihren verschiedenen Inkarnationen in der Astralebene entwickeln, sondern auf anderen Planeten inner- und außerhalb unseres Sonnensystems, auf Planeten fern dem unseren, die ihre eigentliche Heimat darstellen. Es sind geistige Wesen, die sich entschlossen haben, freiwillig auf diese Erde zu kommen, um von ihrem fortgeschrittenen Entwicklungsstand aus die menschliche Geschichte zu bereichern und voranzubringen. Immer haben solche Wesen beim höheren Selbst der irdischen Eltern, noch bevor diese sich wiederverkörperten, das Einverständnis eingeholt, im Schoße ihrer künftigen Familie als Kind auf diese Welt zu kommen.

Im Laufe des irdischen Lebens dieser außerirdischen Wesen ging ihrem Verstandesbewußtsein das meiste von ihrem außerirdischen Wissen verloren, auch wenn viele ihrer Bewußtsein, Teilaspekte also ihres ganzheitlichen Wesens, des Nachts in ihren feinstofflichen Körpern ihre außerirdische Heimat besuchen und mit Seelenverwandten Kontakte pflegen. Jetzt, da die Wendezeit näherrückt, geschieht dies immer häufiger. Die innere Sehnsucht, die sie mit den Heimatplaneten verbindet, ist eine Energie, die jegliche Furcht vor der großen Begegnung mit außerirdischen Wesen, die der Erde bevorsteht, auslöscht. Zu gegebener Zeit werden sie diejenigen sein, die in der allgemeinen Verunsicherung Vertrauen schaffen und als Kontaktpersonen eine Vermittlerrolle übernehmen. Auch wenn sie jetzt noch nicht darum wissen, wird der Schleier der Dunkelheit vor ihren Augen zum richtigen Zeitpunkt abfallen, und ihre jetzt sich entwickelnden Bewußtsein dringen schlagartig in ihr Verstandesbewußtsein ein. Wenn die Zeitenwende eintritt, werden sie wie Pfeiler und Brücken sein, über die Unsichere und Labile, Nichtwissende und Zweifelnde gehen werden. Unter ihnen werden auch viele Kinder sein, und ihre erwachsenen Eltern werden in den jungen Körpern die reifen geistigen Wesen erkennen, die sie in Wirklichkeit sind.

Die außerirdischen Bewußtsein, die sich zwar auch von der göttlichen Einheit getrennt hatten, aber nicht in die tiefsten Schichten der anfänglichen Dunkelheit gefallen waren, lebten bereits zu Beginn der Geschichte in einem feinstofflichen Leib, und nicht wie die Menschen, die sich über das Tier entwickelten, in einem raupenförmigen Körper. Sie waren nicht in derselben Weise von der göttlichen Nabelschnur abgeschnitten, waren nicht in die Elemente einverleibt, sondern beherrschten sie. Sie waren Manifestationen des göttlichen Bewußtseins. Auch wenn es uns unverständlich erscheint, waren diese göttlichen Teilaspekte für die Entstehung und Entwicklung aller übrigen Bewußtsein mitverantwortlich. Ohne sie stünde der Mensch nicht da, wo er heute steht.

Viele dieser Bewußtsein sind der Struktur nach mit den uns bekannten Engeln zu vergleichen, und ihre Weiterentwicklung, die ja immer eine Rückkehr zur göttlichen Natur bedeutet, ließ wiederum viele von ihnen zu Göttern werden, deren Aufgabe es war, die Elemente oder die Natur, das Tier- oder das Pflanzenreich zu regieren und für die Harmonie in diesen Bereichen zu sorgen. Diese Götter, die wir nicht mit Gott, dem einzigen Urquell allen Seins, vergleichen können, sind Teilaspekte der göttlichen Liebe.

Wir dürfen uns nicht vorstellen, daß hochentwickelte außerirdische Wesenheiten beispielsweise ein Flugobjekt in der Weise bauen, wie dies auf unserer Erde geschieht. Diese Wesenheiten stellen sich gedanklich vor, wie ein solches Objekt auszusehen hat und welche Schwierigkeiten es in bezug auf Hitze und dergleichen überwinden muß, wenn es von einem Planeten zum anderen fliegt. Diese sorgsam ausgeführten Gedanken entsprechen unseren Bauplänen. Nach der Planung beginnen wir, die Maschine zu bauen, während nach der gedanklichen Planung dieser Wesen das Objekt sich materialisiert und in perfekter Ausführung zur Verfügung steht. Das ist ein Aspekt der schöpferischen, göttlichen Kraft. So können die feinstofflichen Intelligenzen mit Leichtigkeit von einem Planeten zum anderen fliegen und ihr Gedankengut austauschen, und dies ermöglicht eine sehr beschleunigte Entwicklung.

Es gibt auch Bewußtsein, die sich nur über das Pflanzenreich entwickeln. Es sind die Devas, die ohne das Verstandesbewußtsein und seine Auswirkungen im wahrsten Sinne des Wortes reinste Lichtwesen sind: Sie beseelen die Natur, solange die Menschen sie für ihre Entwicklung benötigen. Seit Anbeginn haben sie sich aus freien Stücken entschieden, nie aus diesem System auszubrechen. Geht ein Teil der Natur durch unsere Umweltzerstörung zugrunde, werden die Bewußtsein der Devas durch die Kraft Gottes, die diese Lichtwesen direkt durchströmt, eine neue, den geänderten Verhältnissen angepaßte Natur entstehen lassen. Die Natur selbst kann nie zerstört werden, nur gewisse Formen in ihr können sterben. Die Struktur unseres Körpers hingegen bleibt an gewisse Lebensbedingungen gebunden. Können diese nicht mehr erfüllt werden, verläßt das geistige Wesen diesen Körper und sucht sich eine andere Entwicklungsform.

So unwahrscheinlich das klingen mag: Es gibt auch Bewußtsein im Mineralbereich. Diese Bewußtsein sind verantwortlich dafür, daß die Bodenschätze dieses Planeten, die Mineralien, erhalten bleiben. Sie werden, wenn die Ausbeutung nicht mehr tragbar und verantwortbar ist, in die Geschehnisse der Welt eingreifen. Im Volksbewußtsein ist dieses Wissen vorhanden und drückt sich in der Redewendung aus: »Die Natur wird sich zu wehren wissen.«

Es gibt Menschen, die mit einem Teil ihrer Bewußtsein Zugang zu den Bewußtsein des Mineral- oder Pflanzenreichs haben. Diese Teile können sich also im Verband des Mineralbewußtseins oder des Pflanzenbewußtseins entwickeln. Sie sind dann zum Beispiel Teil eines Baumbewußtseins, fühlen wie der Baum, aber sie sind nicht Baum, und nach abgeschlossenem Lernprozeß kehren sie in das ganzheitliche menschliche Bewußtsein zurück. Deshalb ist der Satz, die Wege Gottes seien unerforschlich, nicht fehl am Platz. Es ist von außerordentlicher Wichtigkeit zu begreifen – und dafür wird das Völkerbewußtsein immer aufgeschlossener –, daß äußere Formen, daß Körper nur die Bedingungen sind, damit Bewußtsein sich entwickeln kann.

Die physische Entwicklung darf mit der ganzheitlichen nicht verwechselt werden. Es dauert noch eine Weile, aber dann werden das geistige Wesen, das wir sind, und seine Bewußtsein sich in anderen Formen als dem des gegenwärtigen Körpers entwikkeln. Das war früher so und wird zu gegebener Zeit wieder so sein. Durch andere Einwirkungen kosmischer Energie werden sich die Körperstrukturen umwandeln.

Im Neuen Zeitalter wird das geistige Wesen so stark in seine physische Form hineinstrahlen, daß es häßliche, disharmonische, übergewichtige oder zu dürre Körper nicht mehr geben wird. Die Gestalt von Mann und Frau wird feingliedrig und eher zierlich sein. Als eindrucksvollste Kennzeichen werden sich die überaus großen, strahlenden Augen hervorheben. Der Alterungsprozeß wird sich verlangsamen; gewisse Zerfallserscheinungen der späten Lebensjahre treten überhaupt nicht mehr auf.

Auch wird schon in naher Zukunft das Verständnis dafür wachsen, daß das, was den Menschen ausmacht, sich aus vielen Bewußtsein zusammensetzt, die über unterschiedliche eigenständige Entwicklungen zu einem harmonischen Ganzen streben, oder anders ausgedrückt: daß verschiedene Aspekte eines menschlichen Ganzen sich gleichzeitig entwickeln.

Hierbei übernimmt immer das höchstentwickelte Seelenbewußtsein die geistige Führung, versucht ständig, alle anderen Bewußtsein zu durchströmen, Lichtgedanken im Menschen hervorzubringen und ihn anzuspornen, sich in der allumfassenden Liebe zu üben. Unter den Seelenbewußtsein existiert also ein Bewußtsein, das wir den Meister nennen können und dem die vielen anderen Bewußtsein untergeordnet sind.[1]

[1] Im Kapitel über die Vieldimensionalität in *Das Wunder der Meditation* wurde der Meister als Präsident und die verschiedenen Bewußtsein als die Arbeiter in seinem Staat bezeichnet.

Nicht nur die Verstandesbewußtsein, sondern auch diese verschiedenen Seelenbewußtsein lernen vom Meister. Die Seelenbewußtsein, welche sich noch auf dem Entwicklungsweg befinden, sind Teilaspekte der menschlichen Persönlichkeit. Sie alle, die noch nicht zur Vollkommenheit herangereift sind, haben ein Ich. Und sie alle wirken sich auf die Handlungen und Gedanken des Menschen aus. Nichts in der gesamtheitlichen Entwicklung kann voneinander getrennt werden. Alles wird von allem durchströmt, und in allem gibt es die Ursachen und Wirkungen, die sich in den verschiedenen Bewußtsein niederschlagen.

Der Mensch ist für seine gesamtheitliche Entwicklung verantwortlich. Haben sich bereits viele Seelenbewußtsein höher entwickelt, so daß ein gleiches Streben sie eint, sind sie in ihrer Auswirkung mächtiger als die Angst des Verstandes und können in ganz anderer Weise, zum Beispiel bei Krankheit, auf den Körper ausstrahlen und ihn heilen. Dann leidet der Mensch, obwohl noch in der Polarität, nicht mehr in so intensiver Weise unter dem Kampf zwischen den guten und schlechten Antrieben in sich, ist immer weniger zerrissen. Er hat kaum mehr den Drang, aus einer negativen Situation zu flüchten, sondern er findet in sich die Kraft, sie zu durchleben. Er erkennt auch, welche Aufgabe er sich ausgesucht hat, bevor er sich inkarnierte, und alle seine Bewußtsein setzen sich für die Erfüllung dieser Aufgabe ein.

Wenn ein Mensch die Gedankenenergie in sich erweckt und täglich mehrmals spricht: »Liebe, Licht und Heil allen Wesen!«, verbindet er sich damit nicht nur mit irgendwelchen fremden Bewußtsein, sondern er fördert zugleich die eigenen astralen, mentalen und kausalen Bewußtsein, ob sie sich nun in ihren angestammten Sphären oder durch sein Menschsein in seinen feinstofflichen Körpern entwickeln.

Auf dem ganzen Planeten Erde verteilt gibt es bereits Menschen, die außerirdische Begegnungen hatten und haben. Das sind keine Illusionen, wie so viele aus Angst oder Unwissenheit meinen. Dies ist eine Tatsache, auch wenn sich dieses Instrument noch gegen ihre Verbreitung sträubt. In nicht allzu ferner Zeit wird diese Aussage bestätigt werden, denn am Wendepunkt der Zeit, wenn die Spreu vom Weizen getrennt wird, werden diese außerirdischen Intelligenzen der Menschheit zu Hilfe eilen.

Diese Trennung jedoch bedeutet nicht, daß ein Teil der Menschen in den sogenannten Himmel kommt und der andere in die sogenannte Hölle, sondern nur, daß die Entwicklungsgeschichte derjenigen Bewußtsein, die die Spreu ausmachen, ganz neue Züge annimmt. Das bedeutet aber auch, daß all jene Bewußtsein, die symbolisch als Weizen bezeichnet werden, sich zu einem Licht vereinigen, zu einer göttlichen Kraft, die die sogenannte Spreu in ihrer Entwicklung unterstützt und verhindert, daß ein Teil der Bewußtsein der Spreu ganz in die Dunkelheit fällt.

Im Menschen des Neuen Zeitalters wird, wenn der Bewußtseinssprung stattgefunden hat, die Fähigkeit erweckt sein, die Vergangenheit von der Gegenwart zu trennen. Den heutigen Erdenbewohner belastet die ständige Vergegenwärtigung dessen, was er noch nicht kann oder noch nicht erreicht hat. Es ist eine Folge des verstandesmäßigen Willens, daß er vor allem in der Vergangenheit denkt. Er spricht oft von dem, was war, und verwebt es mit den Erfahrungen von heute, ja imprägniert in falscher Weise damit auch die Zukunft. Durch den Bewußtseinssprung lernt er, vor allem in der Gegenwart zu leben, und er besitzt die Kraft, anstelle der vergangenen die zukünftigen Geschehnisse zu erkennen. Die Selbstentschuldigungen, die ja immer ihre Wurzeln in der Vergangenheit haben, die Depressionen seiner Seele sowie alle negativen Erfahrungen werden ausgerottet sein. Er läßt die Vergangenheit gänzlich los, und die dadurch freigewordenen Energien seines Verstandesbewußtseins richten sich ganz auf die positiven Möglichkeiten, die das Heute und das Morgen bieten.

90

Aber auch die Bewußtsein, die die Spreu ausmachen, deren Entwicklung sich nicht mehr auf der Erde fortsetzt, sind nicht ausgeschlossen von der neuen kosmischen Entwicklung. Sicherlich ist ihr weiterer Weg mühselig und beladen. Ihr seelischer Zustand schmerzt sie, aber die Hoffnungslosigkeit ist ausgerottet. Sie erfahren die Gnade Gottes, daß die Angst vor der ewigen Verdammnis, jene irdische Geißel, von ihnen genommen ist. Auch sie sind abgenabelt von ihrem Erinnerungsunterbewußtsein, von den Kanälen zu allen früheren negativen Erfahrungen. Auch sie werden nicht mehr von unbewußten Erinnerungen in ihrem Verhalten gesteuert, sind nicht mehr unbewußte Opfer ihrer eigenen Vergangenheit, die sie entmutigt und ihnen Kräfte raubt. Sie können zu Lern- und Orientierungszwecken vergangene Erfahrungen und frühere Leben schauen, dabei entstehen jedoch nicht wie früher unnütze Selbstanklagen oder Selbstentschuldigungen. Vielmehr stellt ein solcher Rückblick eine Brücke dar zu höherem Wissen.

Das Milzchakra

Eine Woche war ich unfähig zu meditieren. Obwohl die vielen neuen Erfahrungen mich glücklich stimmten, bereitete es mir Mühe, einer inneren Unruhe Herr zu werden. Oft erregten mich die erhaltenen Informationen, die mein Verstandesdenken nicht immer ohne weiteres akzeptieren konnte. Auch machten mir die häufig vorgenommenen Einstellungen zu schaffen. Ich fühlte mich wie von mir selbst befreit, als meine Unruhe sich legte und ich bereit war, den Text des angekündigten Lichtwesens aufzunehmen. Er lautete wie folgt.

Gott zum Gruß, liebe Schwester! Daß ich namenlos bin, spürst du in deinem Innern. Wundere dich nicht, daß während der Durchgabe dieses Textes deine beiden Zeigefinger wie zusammengeschmolzen sind und eine Pyramide bilden. Die gegenseitige Berührung des rechten und des linken Zeigefingers im tranceähnlichen Zustand bewirkt, daß sich meine Schwingungen gleichzeitig über deinen Plus- und Minuspol übertragen lassen. Willentlich ist es dir nicht möglich, die Finger voneinander zu trennen. Das ist einerseits eine Vorsichtsmaßnahme zur Erhaltung deines feinstofflichen Kreislaufes. Andererseits empfindest du dadurch die körperliche Anstrengung nicht.

Mein Versenkungsgrad vertiefte sich. Dann sah ich vor meinem geistigen Auge in herrlich schillernden Farben das Milzchakra.

Die sechs Blütenblätter des Milzchakras weisen Farbflecken auf, die in Rot, Orange, Gelb, Grün, Blau und Violett leuchten. In den unteren drei Blättern herrschen die Blau- und Rottöne, in den oberen die Violett-, Gelb- und Grüntöne vor. Alle Blätter sind zudem von einem hellstrahlenden Gelb durchzogen, so als würde Sonnenlicht auf sie fallen. Der Blütenkelch liegt an der Oberfläche des Ätherkörpers über der Milz, ein wenig auf der linken Körperseite und etwas über der Höhe des Nabels. Der Blütenstengel ist leicht aufwärtsgekrümmt und verbindet sich mit dem Blütenstengel des Sonnengeflechts, der im Rückenmark endet. Dem Milzchakra ist die wichtige Aufgabe zugedacht, gewisse Sonnenenergien in Vitalität und Körperwärme umzuwandeln.

Mir wurde wie nie zuvor bewußt, welch wichtige Kraftstation die Sonne für alles Leben darstellt. Ohne sie wäre Leben unmöglich. Es fiel mir ein, daß ich schon mit verschiedenen Menschen über die glitzernden Punkte gesprochen hatte, die wir im Luftraum wahrnehmen können. Am auffallendsten sichtbar sind sie bei strahlendem Sonnenschein über einer Wasserfläche. Diese weißlich flimmernden Lichtpunkte sind in ständiger Bewegung. Wie Tausende von tanzenden Mücken schwärmen sie in alle Richtungen. Wie schön, daß ich jetzt erfahren durfte, daß diese Sonnenenergie von unserem Körper als Vitalität vor allem über das Milzchakra aufgenommen wird!

Die Vitalität also ist es, die in uns aus manchmal unerklärlichen Gründen das Gefühl der Freude und des Tatendrangs entstehen läßt. Das Milzchakra nimmt das weißlich flimmernde Sonnenlicht auf und zerlegt es in die Spektralfarben, wobei sich allerdings Rot in Dunkelrot und Rosarot teilt, so daß sich die Ströme der Vitalität in sieben klar voneinander unterschiedenen Farben darstellen. Über die sechs Speichen strömt je eine der folgenden Farben in den Ätherkörper: Dunkelrot, Orange, Gelb, Grün, Blau und Violett, während der rosarote Strahl nicht über eine der Speichen, sondern in Intervallen vom Innern des Wirbels direkt eingesogen wird. Im physischen Körper selbst fließen diese Energieströme die Nerven entlang und laden die Organe mit Vitalität auf.

Der in Rosarot leuchtende Teilaspekt der Vitalität fließt als kreisender Strahl um einen winzig kleinen dunkelroten Punkt, der in der Mitte des Chakras erkennbar ist. Ich war tief gerührt zu erfahren, daß die rosarote Ausstrahlung die erste, die wichtigste der Vitalität darstellt, nämlich den Ausdruck der ursprünglichen Kraft, der Kraft Gottes. Die Vitalität in ihrem rosaroten Aspekt strömt vom Milzchakra aus zum Rückenmark und von dort teilweise direkt in das Gehirn sowie im ganzen Körper alle Nerven entlang. Die Vitalität ummantelt die Nerven und bildet das Nervenfluidum. Sie ist die Substanz, die dem Nervensystem Leben verleiht. Mir wurde bewußt, daß mit der Vitalität ein weiterer Teilaspekt des Göttlichen uns durchströmt. Ich spürte, wie auch mein Verstandesbewußtsein von dieser Freude durchtränkt wurde. Ich hatte für einen kurzen Augenblick das tiefe Empfinden, meiner Seele würden Flügel wachsen, die mich für immer über die irdische Schwere hinaustrügen. Wie ein Stein lautlos im Wasser versinkt, versank ich im innigen Gefühl der Dankbarkeit, versank ich in Gott.

Auch wenn die Sonne nicht strahlt, scheint sie dennoch, so daß wir die Sonnenenergie als Vitalität auch bei bloßem Tageslicht aufnehmen. Strahlt sie spärlich, wie zum Beispiel im Winter, nimmt die Vitalität des Menschen, besonders des kranken Menschen, beträchtlich ab. Er fühlt sich dann schwächer, mutlos. Ist die Atmosphäre nur mangelhaft mit Sonnenenergie aufgeladen, leidet der Körper häufig unter der fehlenden Vitalität. Dieser Zustand schafft Raum für Krankheiten, für dunkle Gedanken und traurige Gefühle. Nicht von ungefähr nehmen im Winter die Depressionen zu.

Mit zunehmender Versenkung war ich mir meines physischen Körpers nicht mehr bewußt. Ich hatte das eigenartige Gefühl, mein Kopf schwebe in der Luft. In ihm hörte ich die Erklärungen meines Helfers so deutlich, daß ich vergaß, daß er als feinstoffliches Wesen zu mir sprach. Plötzlich erkannte ich das feinstoffliche Energiesystem und sah es in verschiedenen Farben von Chakra zu Chakra strömen. (Vergleiche die Farbtafel »Der feinstoffliche Kreislauf« im Anhang.)

Während die Lichtenergie der Vitalität im Milzchakra in sieben Farben zerlegt wird, verbinden sich beim Ausströmen aus dem Chakra die Farben Dunkelrot und Orange sowie die Farben Blau und Violett. Wie bei einer mehrfarbigen Kordel sind jeweils zwei Farbstränge verwoben, obwohl jede Farbe unterscheidbar bleibt. Somit machen Blau-Violett, Grün, Gelb, Dunkelrot-Orange und Rosarot die fünf Hauptströme aus, die den Energiekreislauf bilden.

Aus dem Milzzentrum fließt der blau-violette Strahl in das Halschakra; vor allem sein hellblauer Anteil versorgt es mit Energie. Der Strahl setzt sich mit einem entsprechend verminderten Anteil von Hellblau fort und führt über den Blütenstiel und das Rückenmark in das Gehirn. Die dunkelblaue Energie nährt das Klein- und Mittelhirn, die violette das Großhirn, und beide Energieformen fließen sodann in die äußeren Blumenblätter des Scheitelchakras.

Der gelbe Energiestrom ergießt sich aus dem Milzzentrum in das Herzchakra, dann durch das Rückenmark ins Gehirn, und von dort in die zwölfblättrige Blume in der Mitte des Scheitelzentrums. Mit Ausnahme des orange-roten und grünen Strahls fließen alle Energien aus dem Milzzentrum in das Scheitelchakra und strömen durch die drei Hauptkanäle des Rückgrats in das Wurzelchakra zurück.

Der orange-rote Strahl strömt aus dem Milzzentrum direkt in

das Wurzelchakra. Diese Energie erzeugt die menschliche Körperwärme, da sie auch direkt in den Blutkreislauf gelangt. Sie ist mitverantwortlich für die Potenz und die Funktion der Zeugung. Diese Energien aktivieren die sinnlichen Triebe. Hat ein Mensch, wie es zum Beispiel bei vielen Heiligen der Fall ist, die Sexualität im höheren Bewußtsein aufgelöst, also sublimiert, fließt diese Energie nicht mehr in das Wurzelchakra, sondern direkt in das Gehirn. Dadurch verstärkt sich der Intellekt und die Ausübung der selbstlosen Liebe. Es findet eine bewußte geistige Entwicklung statt. Durch diese Sublimierung werden die Farben des Strahls durchsichtiger, sie verändern ihre Lichtqualität, ihren Reinheitsgrad. Sie leuchten dann wie feinstes Seidenpapier vor einer Lichtquelle. Das Orange wird zu hellem Gelb, das Rot verliert jede Schwere, und das Violett strahlt in zartem Lila.

Wie bereits erwähnt, fließt der grüne Strahl nicht in das Scheitelzentrum, sondern aus dem Milzchakra in das Sonnengeflecht und von da in den Unterleib. Diese Energie ist lediglich dazu bestimmt, die Organtätigkeit der Leber und Nieren, ja den ganzen Verdauungstrakt in seiner Funktion aufrechtzuerhalten. Lebt ein Mensch nur noch aus seinem höheren Bewußtsein heraus, wird der grüne Strahl zum Garanten einer absolut intakten Gesundheit bis zum leiblichen Tod.

Die von der Sonne in das Milzchakra und in geringerem Maße auch in die anderen Chakras einströmende Energie, die Vitalität, nährt nicht nur das Gehirn und die Nerven, sie ist auch die Substanz, die den Ätherleib und über ihn den physischen Körper erhält. Die in den Chakras umgewandelte Energie vermittelt uns innere Ruhe und Gelassenheit, Nervenkraft und im wahrsten Sinne des Wortes ein sonniges Gemüt. Dies erklärt auch, warum die Südländer im allgemeinen fröhlichere Menschen sind als die des Nordens. Durch das günstige Klima können sie mehr Sonnenenergie aufnehmen und sich mit mehr Vitalität aufladen. Ich sah auch, daß es Bäume und Pflanzen gibt, die die Ströme der Vitalität speichern und sie den Menschen abgeben, wenn sie sich in ihrer Nähe aufhalten. Dies gilt vor allem für Linden, Eichen, Pinien, Platanen und insgesamt für den Blätterwald, weniger für den Nadelwald. Zu erwähnen sind auch die im Sommer blühenden Blumen und Sträucher sowie insbesondere die roten Rosen.

Ich mußte tief durchatmen. Sehr langsam kehrte mein Körperempfinden zurück. Das Lichtwesen verabschiedete sich mit den Worten: »Licht, Liebe und Frieden, Gott zum Gruß!« Meine Zeigefinger lösten sich voneinander. Erstaunt stellte ich fest, daß meine während fünfundzwanzig Minuten hocherhobenen Arme überhaupt nicht müde waren. Nachdem ich mich gründlich geschlossen hatte, öffnete ich meine Augen. Freude und Dankbarkeit standen auf meinem Gesicht.

Die Sonnenmeditation

In einer Trancesitzung meldete sich wiederum der Helfer Nikodemus und riet, im Zusammenhang mit dem Kapitel über das Milzchakra eine Sonnenmeditation in das Buch aufzunehmen.

Wir, die geistigen Helfer, sind zahlreich hier anwesend und senden Licht und Liebe aus, Schwingungen, die hauptsächlich dem Verstandesdenken zufließen und mithelfen, die Fragen des Verstandes im höheren Selbst zu beantworten. Sie öffnen eine Pforte ins Licht, in das höhere Erkennen.

Es ist verständlich, daß viele Kulturen die Sonne verehrten und als Gott anbeteten, weil ihnen bewußt war, daß ohne ihre Kraft auf der Erde kein Leben existieren würde. Die Sonne ist tatsächlich ein Aspekt der göttlichen Kraft. Sie sprüht in Millionen von Partikeln, die man als feinste Körnchen oder winzig kleine Kügelchen bezeichnen könnte, Vitalität aus. Diese beleben den ganzen Kosmos. Es ist richtig, daß viele Menschen diese Vitalität mit den bloßen Augen sehen. Man kann sich darin üben. Man braucht nur in helles Sonnenlicht hineinzuschauen, dann den Blick abzuwenden und ihn in den Kosmos schweifen zu lassen. Dann gewahrt man diese sich schnell bewegenden Vitalitätspartikel.

Wie schon ausgeführt ist die Vitalität, die wir über das Milzchakra aufnehmen, ein Nervenfluidum, das in Verbindung mit anderen Energien einen Aspekt der Lebenskraft darstellt. Es kann für Menschen, denen es an Nervenkraft mangelt, von großer Hilfe sein, wenn sie täglich eine Sonnenmeditation ausführen. Dies wirkt sich besonders auch auf die Kraft in den Muskeln aus.

Bei dieser Meditation ist es von Vorteil, sich hinzulegen, und zwar so, daß das Gesicht, wenn man sich aufsetzt, nach Osten gerichtet ist. Wir atmen einige Male tief ein und aus, schließen dann die Augen und halten sie während der ganzen Meditation geschlossen. Durch den Atem sind wir mit dem Leben, mit Gott verbunden. Mit unserem Bewußtsein folgen wir dem Atem und lassen ihn tief in den Bauch hineinfließen. Wir stellen uns vor, wie sich das Sonnengeflecht und alle übrigen Chakras langsam öffnen. Mit jedem Atemzug entspannt sich unser Körper.

Wir sind ein geistiges Wesen. Damit es sich entwickeln kann, hat es einen Körper zu seiner Verfügung. Wir stellen uns vor, wie die schöpferische Kraft des Geistes uns in eine Lichtspirale einhüllt. Geborgen und geschützt überlassen wir unseren Körper dem Lager, auf dem er ruht. Unser Wesen belebt unseren Körper, und der Gedanke, Geist zu sein, erfüllt uns mit tiefer Freude und Dankbarkeit. Gedanklich sprechen wir fünfmal: »Ich bin Geist. Ich bin Geist und habe einen Körper zu meiner Verfügung.«

Die Kraft des in unseren Körper einstrahlenden Geistes entspannt ihn spürbar. Sie fließt durch die Zehen, die Füße, die Fußgelenke, die Muskeln, Gefäße, Zellen, alle Nervenbahnen entlang in die Unter- und Oberschenkel, durch das Gesäß und das ganze Becken. Der Unterkörper wird von dieser gewaltigen Energie durchströmt, wir spüren die Entspannung auch in den Organen des Bauchraums. Unser Körper wird müde und schwer. Absolut entspannt und zufrieden liegt er auf dem Bett. Freude und Dankbarkeit durchströmen uns.

Nun fließt diese geistige Kraft durch die Finger der rechten Hand, durch die Hand selbst, das Handgelenk, die Muskeln und Zellen des Unterarms, durch den Ellbogen, den Oberarm, das

Schultergelenk und den Schultergürtel. Sie durchströmt alle Nerven des rechten Arms, und wir lassen den rechten Arm ganz los. Gedanklich wiederholen wir: »Ich bin Geist« und lassen diese Gedankenenergie auch durch die Finger der linken Hand bis hin zum Schultergürtel fließen. Sie stellt als feinster, heilender Strahl Ordnung und Harmonie im ganzen Körper her. Wir spüren die sanfte Entspannung des Magens, der Leber, der Milz, der Nieren, des Darms, der Blase, der Lungen und des Herzens. Wir überlassen den Körper sich selbst und seiner eigenen Gesetzmäßigkeit und empfinden ihn immer weniger. Die geistige Kraft unseres Wesens strahlt jetzt auch in den Hals hinein, in die Wirbelsäule, den Rücken, die Augen, das Gesicht, und auch das Gehirn entspannt sich völlig. Unser Atem geht langsam und ruhig, unser Körper fühlt sich entspannt und geborgen.

Wir stellen uns vor, daß unser höheres Bewußtsein mit dem nächsten tiefen Ausatmen seinen ruhenden Körper verläßt. Wir verlassen jetzt unseren Körper und betrachten ihn von außerhalb. Immer deutlicher wird uns bewußt, daß wir Geist sind und einen Körper haben. Wir sind nicht unser Körper, wir sind Geist. Diese Gewißheit vertieft sich in allen unseren Bewußtsein. Tiefe innige Freude durchströmt uns.

Viele liebevolle Helfer, unsere Schutzengel, vermitteln uns Schutz und Geborgenheit. Wir stellen uns jetzt vor, daß am Horizont die Sonne aufsteigt. Wohin auch immer wir unser Empfinden, unsere Gedanken richten, wir sind durchflutet von der Kraft der Sonne. Sie wärmt uns und lädt uns auf. Ihre ausströmende Vitalität wird vom feinstofflichen Nervensystem im Ätherkörper, besonders stark auch vom Milzchakra sowie von allen Nerven und Zellen unseres Körpers aufgenommen. Das Licht besitzt die Fähigkeit, alles zu durchdringen. Mit unserem geistigen Auge sehen wir, wie das Licht den auf dem Lager ruhenden Körper durchflutet. So wie ein Schwamm, wenn er Wasser aufsaugt, sich ausdehnt, dehnen sich durch die Einwirkung der Vitalität unsere Chakras aus. Wir bleiben als geistiges Wesen außerhalb unseres Körpers, neben oder über ihm. Unser Selbst und unser physischer Körper laden sich immer bewußter mit der Sonnenenergie auf. Der ausgleichende Rhythmus des Kosmos harmonisiert und stärkt unseren Körper. Ströme der Liebe und Hilfe werden spürbar.

Die Sonne durchflutet uns, sie zieht uns ganz in ihren Bann. Wir empfinden in allen unseren Bewußtsein die universalen göttlichen Kräfte. Eine heilige Liebeskraft macht unseren Körper und unsere Seele heil. Wir sind stark, wir sind Geist, wir sind Liebe. Immer wieder betrachtet unser höheres Selbst den schlafenden Körper. Langsam beginnt es, ihn zu magnetisieren. Seine feinstofflichen Hände streichen von unten nach oben über den ganzen Körper. Zuerst fahren sie an den Beinen und Armen entlang, dann langsam über den Unterleib, den Bauch und den Oberkörper bis über den Kopf. Als das geistige Wesen, das wir sind, magnetisieren wir unseren Körper so lange, bis er sich harmonisiert fühlt. Wir lieben und achten unseren Körper, und unsere gegenseitige Freundschaft vertieft sich. Im Ätherleib, der den physischen Körper durchdringt und noch ein wenig über ihn hinausragt, existieren Tausende von Stromlinien, die wie Nervenbahnen sind. Ihre Aufgabe ist es, Sonnenenergie zu speichern. Über dieses Stromnetz fließt die Vitalität in die Gesundheitsaura und von dort in den Körper.

Unermüdlich, jedoch mit Freude und Intensität fahren wir fort mit der Magnetisierung unseres Körpers. Die Kraftströme der Sonne durchfluten unser ganzes Wesen. Wir empfinden Liebe unserem Körper gegenüber. Jeder magnetische Strich reinigt unseren Tempel. Gedanklich sprechen wir zu unseren Organen: »Ich liebe euch, ich danke euch für eure geleistete Arbeit.«

Im strahlenden warmen Licht der Sonne nehmen wir die Organfunktionen des Körpers wahr. Wir empfinden ihn als unseren lieben Freund. Wir wiederholen: »Ich bin Geist.« Wie das Licht jede Dunkelheit erhellt, vermag die Kraft des Geistes als heilendes Licht in den Körper hineinzustrahlen. In Gedanken wenden wir uns an unseren Körper und sagen: »Ich, das geistige Wesen, löse mit meiner Energie jede Disharmonie, löse jede Störung auf. Mein Selbst reinigt meinen Körper, stärkt ihn, macht ihn heil.« Diese Sätze wiederholen wir. Die Erkenntnis, daß diese Gedankenenergie unseren Körper auflädt, läßt Freude in uns hochsteigen. Für einen Augenblick bleiben wir ganz still, lassen uns von der Vitalität, vom Strom der göttlichen Liebe und Weisheit ganz durchfluten. Wir lassen die äußere Welt und alle Zwänge los und erleben diese Freiheit.

Jetzt atmen wir tief ein und stellen uns vor, daß unser Selbst mit dem nächsten Einatmen in den Körper zurückfließt. Wir vereinigen uns wieder mit ihm, dem gereinigten Tempel. Ich und mein Körper sind ein harmonisches Ganzes, stark und gesund. Unsere Augen bleiben immer noch geschlossen. Wie nie zuvor fühlen wir uns geborgen und wohl in unserem Körper. Vor unserem geistigen Auge entsteht eine helle Straße. Wir stellen uns vor, über diese Sonnenstraße zu gehen. Dabei lassen wir uns von den Tausenden von sprühenden Vitalitätspartikeln berieseln. Als geistiges Wesen, mit dem Körper in Harmonie vereint, lassen wir uns von den kosmischen göttlichen Kräften durchströmen. Wir sind geborgen und ruhen uns in den Strömen der Harmonie und Liebe aus. Aus allen Poren strömt Licht. Mit Hilfe unserer Vorstellungskraft legen wir uns jetzt auf der Sonnenstraße hin. Das Eintauchen in die Vitalität weckt in unserem Körper das Empfinden, als sei er von feinsten Fäden umsponnen. Ein angenehm feines Prickeln zeigt uns an, daß das feinstoffliche und das physische Energiesystem in Harmonie gebracht werden. Das Milzchakra dehnt sich sehr weit aus und nimmt die Sonnenenergie auf. Die energetische Umwandlung in diesem Energiezentrum läßt in erhöhtem Maße Nervenfluidum entstehen. Alle Nerven werden damit ummantelt. Schmerzen, die von entzündeten Nerven ausgehen, werden spürbar gelindert. Wir leiten unser Empfinden auf das Sonnengeflecht. Es ist sehr weit geöffnet. Wir stellen uns vor, daß die Sonne in ihm versinkt und wir selbst zur strahlenden Sonne werden. Wir spüren unsere Mitte, wir sind in unserer Mitte. Wir lauschen in sie hinein. Wir geben alles hin und strahlen in hellem Licht. Unser Tempel, der Körper, dankt uns für diese Reinigung und Harmonisierung.

Es wird langsam Zeit, daß wir in unser Tagesbewußtsein zurückkehren. Unser höheres Selbst und unser Körper sind in absoluter Harmonie. Dankbarkeit und Zufriedenheit durchströmen uns. Wir sind fähig, Freude in unseren Alltag hineinzustrahlen. Wir sind stark und uns selbst bewußt. Das geistige Wesen, das wir sind, und unser Körper sind wie Bruder und Schwester. Der Körper ist glücklich, Tempel zu sein, genauso wie das geistige Wesen glücklich ist, diesen Körper zu bewohnen. Unser Tagesbewußtsein akzeptiert diese Erkenntnis.

Wir atmen jetzt tief aus und schließen gedanklich alle Chakras gründlich. Jetzt öffnen wir die Augen und streichen auch mit den Händen über den Körper, wie nach der sanften Aktivierung des Wurzelzentrums. Wir schließen uns so lange, bis sich unser Tagesbewußtsein wieder aktiv dem Alltag zuwenden will.

Künftig wollen wir an warmen, sonnigen Tagen bewußt das Sonnengeflecht und das Milzchakra öffnen. Wir stellen uns dann für einen kurzen Augenblick vor, daß die ausströmende Vitalität der Sonne sich in erhöhtem Maße in alle unsere Körper ergießt. Wenn die Sonne nicht scheint, können wir uns mit Hilfe dieser Sonnenmeditation mit Vitalität versorgen.

Die Seelen der Pflanzen

In meiner Kindheit gehörten die Naturgeister und die Feen zu meinen liebsten Spielgefährten. Ich war mit dem geistigen Wesen der Natur vertraut. In meinen seelischen Empfindungen fühlte ich mich oft als Pflanze oder als Baum. Als ich an einem der Tage auf der Alm ein kurzes Sonnenbad nehmen wollte, schlief ich ein und war höchst erfreut, als ich im Traum von meinem Helfer Näheres über die Naturgeister erfuhr.

Als die eigenständigen Bewußtsein sich in unvorstellbar großen Zeiträumen so weit entwickelt hatten, daß sie ihren freien Willen bewußt einsetzen konnten, spalteten sich diejenigen ab, die ihre Entwicklung nicht über die Menschwerdung, sondern im Pflanzenreich vollziehen wollten. Die Blumen und Pflanzen jeglicher Art, die wir kennen, sind Ausstrahlungen und Schwingungsverdichtungen von sich entfaltenden Bewußtsein. Jede Pflanze ist eine sichtbare, verdichtete Energie und in ihrem Kern ein geistiges Wesen, und alle Pflanzen einer Gattung bilden eine Gruppenseele, also ein höherentwickeltes Bewußtsein, auch Deva oder Pflanzen-Engel genannt. Die einzelnen Pflanzensorten einer Gattung sind Untergruppen mit einem Bewußtsein, das nicht ganz so weit entwickelt ist wie ein Deva. Jede einzelne Pflanze strebt als höchstes Ziel ihrer Entwicklung an, ein Deva zu werden, also eine vollendete Pflanzenseele.

Wenn der Samen einer Pflanze ausgereift ist und neue Schößlinge entstehen, spaltet sie Energieformen ab, damit neue Ent-

wicklungen stattfinden können. Wenn die Pflanze nach Erfüllung ihrer Aufgabe stirbt, kehrt ihr Bewußtsein in die Gruppenseele zurück, und alle gemachten Erfahrungen werden von der
Untergruppe, der sie angehört, gespeichert. Dieses erarbeitete
Wissen dient den noch unvollkommenen Pflanzenseelen zur
Weiterentwicklung, so daß sie Lehrer und Betreuer unterschiedlichster Pflanzenarten werden können. Die Pflanze als eine von
Gott durchströmte, mit Bewußtsein begabte Naturkraft entwik-
kelt sich nach ihrem Ableben im Astralbereich weiter.

Die Naturgeister sind noch nicht zur Gänze entwickelte Pflanzenseelen, die den Devas unterstehen. Sie haben es sich zur
Aufgabe gemacht, als eine Art Lehrer die Pflanzenarten schwingungsmäßig zu erhalten und zu betreuen. In meinem Traum
sah ich sie alle, kleinste feinstoffliche Wesen in unermüdlicher
Arbeit, geführt und behütet von den sie überstrahlenden Devas.

Eine vollständig entwickelte Pflanzenseele ist in ihren Schwingungen und in ihrer Ausstrahlung optimal ausgeglichen und
gänzlich rein. In ihrem Bewußtsein herrscht jeweils eine besondere Tugend vor. Bei dem einen ist es die absolute Liebe, beim
anderen die Kraft oder die Geduld. Ein Deva strahlt diese
Schwingungen direkt oder über die einzelnen Pflanzen auf uns
aus. Zum Beispiel erzeugt ein Deva der Geduld in den feinstofflichen Bereichen der Menschen Schwingungen, die sich als seelische Stärke und Beharrlichkeit auswirken. Ein Deva der Liebe
erfüllt die Natur mit heilbringenden Liebesschwingungen, die
auch auf uns Menschen ausstrahlen und sich im Kosmos verbreiten. Es gibt auch Devas, die Energien von den Sternen auf die
Pflanzen übertragen und kosmische Lichtströme in ihrer Stär-
keausstrahlung regulieren.

Wie sehr war meine Seele beglückt zu sehen, daß es Bewußt-
sein gibt, die ohne eigene Wünsche oder andere menschliche
Eigenschaften ausschließlich im Dienste Gottes und seiner
Schöpfung arbeiten, als wahrhaft vollendete Diener. Diese wun-

derschönen Lichtwesen sind vom Geist Gottes, seiner Kraft und Liebe durchströmt. Ihre Heimat ist die erste Stufe der siebten Astraldimension. Sie helfen in Not geratenen Mineralien, Pflanzen, Tieren und Menschen hier auf der Erde und in den verschiedensten Astraldimensionen. Ihre Energien können bei hilfesuchenden Menschen außergewöhnliche Kraftströme in Bewegung setzen, so daß von schwerster Not Betroffene oft Übermenschliches zu leisten fähig sind.

Unermüdlich sind die Devas um die Natur bemüht, reinigen sie und leiten das Wachstum der Pflanzenwelt. Sie beherrschen die Kräfte der Elemente und arbeiten mit ihnen. Wenn sie sterben, erfüllen sie Aufgaben in der Astralwelt. Ich begriff das Pflanzenreich als eine göttliche Manifestation von unvorstellbar vielfältigen Lebenskräften. Ich erkannte die Devas als Träger schöpferischer Intelligenz, als die Generatoren, die Erzeuger von Energien in unterschiedlichster Verdichtung. Ich wußte, daß, wenn ich die Schönheit einer Blume in Andacht auf mich wirken lasse, die in ihr manifestierte göttliche Kraft mich stärkt.

Die Devas und ihre Verkörperungen, die Pflanzen, sind also Bewußtsein, die direkt göttliche Liebe aussenden. Wie klein dagegen ist die Herrschaft des Ichs, der wir Menschen noch so weitgehend unterliegen! Während die Natur und ihre Baumeister, die Devas, und ebenso die Mineralien, die Pflanzen und die Tiere ganz im Willen Gottes aufgehen, hat der Mensch die Möglichkeit, auch gegen den Willen Gottes zu handeln. Die Devas lieben Licht über alles, und dankbar nehmen sie auch Lichtgedanken von uns Menschen auf, als Kraft für sich selbst und als Energien, die sie den Pflanzen weiterreichen.

Meine Bewunderung für die Devas, diese herrlichen Geschöpfe Gottes, war grenzenlos. Sie leben im Bewußtsein, ein Teilaspekt Gottes zu sein; das heißt, sie sind sich ihrer Göttlichkeit bewußt. Sie stehen außerhalb der Polarität, zählen zur Ganzheit, zur Einheit. Sie helfen uns Menschen bei der Entwicklung zur Ganzheit. Sie sind die energetischen Erbauer der Natur, deren Energieströme die Erde durchdringen und auch durch den Kosmos bis in die Mentalsphäre fließen.

Sie können die Gedanken der Menschen lesen. Sie übermitteln uns Liebe und Güte und möchten uns allezeit trösten. Als Träger der Energien der Erde und des Kosmos stärken sie uns, und als Diener Gottes sind sie Licht und leuchten uns auf unserem Weg. Im Tiefschlaf pflegen sie Kontakte mit uns, und wir finden in ihnen nächtliche Ruhe und Geborgenheit.

Ich sah auch, daß die Bewußtsein vor allem der alten Bäume weiterentwickelte Seelen sind. Im Laufe vieler Jahre haben sie sich aus dem Gruppenverband gelöst. Viele von ihnen werden Lehrer in pflanzlichen Untergruppen oder verlassen den Planeten Erde und dienen in feinstofflichen Dimensionen. Sie können auch eine Helferfunktion in unserem Leben ausüben. Leider gibt es noch allzu wenige Menschen, die, wie die frühe Findhorn-Gemeinschaft in Schottland, eine Zuneigung, ein Herz für Devas haben und Kontakt mit ihnen pflegen. Aber die Devas ließen mich wissen, daß sich die Menschen des Neuen Zeitalters mühelos mit ihnen verständigen werden. Das Zusammenwirken von Mensch und Deva wird zu einem gewaltigen Heilstrom für die kranke Natur werden.

So weit mein Blick reichte, erstreckte sich plötzlich ein unbeschreibliches Meer von Blumen. Langsam löste sich seine materielle Form auf. Ich sah nur noch ihre Leuchtkraft, Milliarden von leuchtenden Punkten und Lichtwellen, die sich ausbreiteten. Ich konnte diese Schönheit kaum ertragen; deshalb war ich froh, als ich erwachte. Ich dankte Gott für den Segen der Natur.

Der König der Blumen spricht

Eines Nachmittags, als ich mich in Trance begeben hatte, ergriff zunächst mein Torhüter schwingungsmäßig Besitz von meinem Körper und kündigte eine Durchgabe mit den lustigen Worten an, ich würde jetzt auf Stereoempfang eingestellt: eine Verbindung werde zur Erdgürtelzone, also zur Erdoberfläche, und eine zweite in das Erdinnere hinein geschaffen »bis dorthin, wo die gewaltigen Kräfte der Natur sich an einem Punkte sammeln«. Der König der Blumen selbst, dem er nun meinen Körper überlasse, werde zu mir sprechen. Als ich nachher das Tonband abhörte und mir meine Kindheitserlebnisse mit der Natur in die Erinnerung zurückgerufen wurden, war ich zutiefst gerührt.

Ein Teilaspekt Gottes, die Kraft des Heiligen Geistes, die nicht nur den Menschen, sondern auch die Natur in allen ihren Formen zum Leben erweckt hat und erhält, ist gleichzeitig eine Energie, die bewirkt, daß ich, Raschea, König der Blumen, zu dir und über dich zu den Menschen sprechen kann.

Liebevoll frage ich dich, erinnerst du dich nicht an die Zeit deiner Kindheit, als du mit mir Kontakt hattest? Ich war immer etwas betrübt, daß seither dieser Kanal zu deinem Verstandesbewußtsein verschlossen blieb. Um so größer ist meine Freude, aber auch meine Dankbarkeit, daß ich heute mit dir sprechen kann. Erinnerst du dich, wie du einmal als Kind Blumenkränze flochtest, um dein Haupt zu schmücken, sie um deinen Hals zu legen? Wie du anschließend weintest, als dir klar wurde, daß die

Blumen durch das Pflücken starben? Du hast sie beerdigt in der weichen Erde, sie zurückgebracht in ihren Mutterschoß. Dann bin ich in dein Leben getreten und habe dein Gemüt beruhigt, deine Tränen getrocknet und zu dir gesprochen: »Sei nicht traurig! Ich, Raschea, tröste dich.« Ich habe dir damals das geistige Auge geöffnet, dir die Feen gezeigt, die Devas, diese Lichtwesen, die die Seele der Natur sind. Damals wußtest du, daß es sie gibt, und einige Jahre pflegtest du innigen Kontakt mit ihnen.

Ich danke dir heute, daß du als Kind zu den Blumen sprachst, ihre Erde lockertest, damit sie atmen konnten. Du wußtest auch, daß für die verschiedenen Bereiche der Pflanzenwelt höhere Devas sorgen, denen wiederum eine ganze Gruppe dieser Lichtwesen zugeordnet ist. Devas sind ein Teilaspekt, eine Auswirkung des göttlichen Bewußtseins. Man kann sagen, sie sind Kinder Gottes und Kinder der Sonne. Ohne das Licht der Sonne, ohne ihre Ausstrahlung, die Vitalität, wäre ihr Leben nicht möglich. Aber auch die brausenden Stürme der Elemente im Erdinnern tragen zu ihrer Erhaltung bei.

Mein Bewußtsein ist fähig, das Gedeihen und Sterben aller Blumen zu überwachen. Jede einzelne Blume ist wie eine kleine strahlende Sonne. Was sie in den Kosmos und auf die Menschen an Energie ausstrahlt, ist Teil der Lebenssubstanz. Es wird sehr bald die Zeit kommen, wo du, mein liebes Instrument, unsere Gesänge und Stimmen wieder vernimmst, so wie damals, als dein Verstandesdenken die Pforte zu diesem Seelenbereich noch nicht verriegelt hatte. Der Strahlenglanz, der von der feinstofflichen Erscheinung der Blumen ausgeht, wird deinem physischen Auge wieder sichtbar, und mit großer Freude teile ich dir mit, daß auch die Menschen des Neuen Zeitalters uns erkennen werden. Zu sehen, daß wir Blumen beseelt sind, daß wir atmen und noch in ganz anderer Weise strahlen, als die Menschen heute wahrnehmen, wird ihre Herzen in der neuen Zeit mit Freude erfüllen. Diese allgemeine Freude wird eine sehr starke

Schwingung sein, die viel Dunkelheit aufzulösen vermag. Der Mensch wird dann unser heimliches Rufen vernehmen, es als Schwingung im Körper verspüren.

Wenn ihr Menschen den Blumen dankt, daß sie blühen, daß sie durch ihre Ausstrahlung das Gemüt erhellen, ja daß sie gar heilende Wirkung auf den Körper ausüben, erhöhen sich die Frequenzen in unserem Bewußtsein. Dadurch sind wir Blumen in der Lage, in erhöhtem Maße die vielfältigsten Energien auszuschütten, die die negativen Ströme verändern und den Kosmos beleben. Es gibt Menschen – und ich bin froh, daß es sie gibt –, die wie du mit den Pflanzen reden, sich die Zeit nehmen hinzuhören und ihre Schwingungen über das Herz- und Halschakra aufzunehmen.

Wir sind nicht nur hingebungsvolle, stille Diener Gottes, wir sind auch stille Diener des Menschen. Beispielsweise kann man viele Verkrampfungen mit Blumen lösen. Pflücke eine Marguerite in Andacht und Liebe, doch zuvor schließe sie, indem du sie mit einer schützenden Bewegung deiner Hand liebevoll umhüllst. Danke ihr, daß sie sich zur Verfügung stellt, und lege den ganzen Blütenkelch auf dein Herzzentrum. Dann sprich: »Ich danke dir, liebe Blume, daß du mir hilfst. Ich danke dir, daß du deine Pflicht erfüllst.« Atme mit dem Herzzentrum die Blume intensiv ein, und du wirst sofort spüren, wie sich jegliche Verkrampfung in diesem Bereich auflöst.

Es ist wichtig, Blumen nicht einfach in den Abfalleimer zu werfen, sondern sie ihrem Mutterschoß, der Erde, zurückzugeben. So werden die Kräfte in der Natur besser erhalten. Ist es nicht schön zu erkennen, daß alles lebt? Ist es nicht schön, den Respekt und die Achtung vor allem Lebendigen, die Liebe zu allen Geschöpfen in sich zu spüren?

Wenn sich ein Mensch einsam und allein fühlt und er eine einzige Blume, in Andacht geschnitten, in eine Vase nahe bei sich hinstellt, verfliegt ein großer Teil seiner Einsamkeit.

Tief im Erdinnern ist meine angestammte Heimat, dort wo alle Kräfte der Elemente sich vereinen, wo der Teilaspekt Gottes, der bewirkende Geist, gewaltige Energien freisetzt. In einer Weise, die euer Ahnen übersteigt, erneuern sich ständig diese ungeheuren Kräfte. Vorläufig halten sie noch Schritt mit der Ausbeutung der Natur durch die Menschen. Doch jedes Maß ist einmal voll. Und wenn dieser Punkt erreicht ist, wenden sich die Kräfte mit ihrer ganzen, für euch unvorstellbaren Gewalt nach außen. Es wird sein, als würde das Erdinnere nach außen gestülpt, und viele Menschen werden untergehen, ihre Körper zur Erde zurückkehren. Dieser Regenerierungsprozeß, ein absolut natürlicher Vorgang, wird die Erde und andere Planeten, wird den Kosmos erneuern. Das alles wird so schnell gehen, daß kaum eine Träne geweint werden kann. Es ist gut, daß die Gnade Gottes in diesem Moment waltet.

Gott hat euch in seiner Liebe unendlich viel offenbart. Und mehr und mehr wird sich der Mensch dessen bewußt und kann sich auf die kommenden Ereignisse vorbereiten. Wir Blumen lieben euch Menschen. Wir strahlen Licht aus auf euch. Für heute verabschiede ich mich. Gott zum Gruß!

Einige Wochen später – immer noch ging mir die Begegnung mit Raschea nach – sagte mir mein Helfer, der König der Blumen sei einer der Vorsteher der Erdgürtelzone. Jetzt sei zwar die Zahl der Erdenbewohner noch gering, die über die außersinnliche Wahrnehmung Kontakte mit ihm pflegten. Jedoch lehre Raschea viele Menschen über die Intuition oder in Träumen, erkläre ihnen die symbolische Bedeutung der verschiedenen Blumenarten, ihrer Farben und Formen, und erläutere ihnen den Zusammenhang zwischen der Anzahl der Blumenblätter und den mathematischen Gesetzen des Universums.

Das Sonnengeflecht

In einer Woche, als der Himmel trüb war, hatte ich das starke Verlangen, mich oft im Wald aufzuhalten. Eines Morgens um elf Uhr überkam mich dort der Schlaf. Unter einer Tanne fand ich einen geeigneten Platz, um mich hinzusetzen. Ich spürte die langsam im Körper hochsteigende Bewußtlosigkeit. Das Tagesbewußtsein verließ mich, und ich nahm sehr deutlich das Erwachen eines anderen Bewußtseins wahr.

Wunderschöne Klänge umschließen mich. Zwei Lichtwesen in der Gestalt von Kindern helfen mir, aus meinem physischen Körper auszusteigen. Ich folge ihnen in eine Landschaft, die ausschließlich aus unterschiedlichen weißen Blumen besteht. Viele von ihnen habe ich noch nie vorher gesehen. Ihr Duft ist so intensiv, daß ich den Eindruck habe, selbst wie eine der Blumen zu duften. Als ich mich zu den drei anderen Anwesenden setze und mich inmitten der Blumen niederlasse, nehme ich mit Verwunderung wahr, daß sie nicht niedergedrückt werden, sondern aufrecht stehen bleiben. Ich frage mich, ob ich im Astralkörper überhaupt Gewicht besitze, doch eine Antwort erhalte ich nicht.

Diesmal betritt ein weibliches Wesen den Vortragsort. Die Lichtgestalt strahlt am ganzen Körper wie ein funkelnder Stern. Für menschliche Begriffe ist sie sehr groß, und ihr wallendes Kleid glänzt wie Perlmutt. Obwohl es durchsichtig ist, kann ich keinen Körper erblicken. Sie besteht aus vielfarbigen Lichtquellen, die die Umrisse eines Körpers bilden. Sie begrüßt uns mit den Worten: »Wir loben und preisen die Schöpferkraft. Licht und Frieden ist mit uns. Mein Name für die Zeit des Unterrichts ist Alecta.« In Intervallen durchströmt mich ihre wunderbare Ausstrahlung. Ich glaube, »im Himmel« zu sein. Sie richtet sich nach Osten, und wir tun es ihr automatisch gleich. Am Firmament wandern Millionen von Sternen. Sie hüllen uns ein, so daß wir wie in einem Lichtertunnel stehen. Die Stimme Alectas klingt sehr warm, ihre Worte hallen wie ein Echo. Inzwischen habe ich mich daran gewöhnt, die Bilder und Texte auf einer Leinwand zu sehen. In schillernden Farben erscheint auf ihr der Solarplexus.

Das Sonnengeflecht, dieses feinstoffliche blumenähnliche Organ, hat zehn Blätter. Im Grundton sind sie abwechselnd rot und grün. Alle Blumenblätter haben gelbe und weiße Flecken. Auffallend schön und stark in seiner Ausdrucksweise ist der kleine Kreis in der Mitte, der von einer rosarot fließenden Energie gebildet wird. Das herrliche Schillern aller Farben kann ich unmöglich beschreiben. Gegen sie verblaßt die Schönheit eines Regenbogens.

Das Sonnengeflecht hat seinen Sitz etwas oberhalb des Nabels. Aus diesem Grund bezeichnet man es auch als das Nabelzentrum. Man kann es auch das Gefühlszentrum nennen, da von ihm aus die zwischenmenschlichen Beziehungen, die Sympathien und die Antipathien, gesteuert werden. Auch die Persönlichkeit des Menschen hat ihren Sitz in diesem Chakra. Aus ihm erwächst uns die Kraft des Vertrauens und der Zufriedenheit. Alle Gemütsbewegungen wie Liebe, Schmerz, Angst oder Wut entstehen schwingungsmäßig im Sonnengeflecht und drücken sich in verschiedenen Energieströmungen aus. Das Gefühl der Liebe zum Beispiel läßt weiche, langgezogene Schwingungswellen, die Wut kurze, gezackte Wellen entstehen. Sie werden vom Solarplexus dem Verstandesbewußtsein zugeführt. Wir empfinden sie wie Blut- oder Wärmewallungen im Körper.

Plötzlich wird die feinstoffliche Lehrerin von kleinen Lichtwesen, die wie Kinder aussehen, umringt. Nach einem kurzen Augenblick erkenne ich keine einzelnen Gestalten mehr. Es ist, als wären sie alle zu einem feurigen strahlenden Ball zusammengeschmolzen. Die Stimme jedoch spricht aus ihm weiter wie vorher. Ich bin ergriffen von tiefsten Gefühlen der Freude und der Begeisterung. Gleichzeitig schmerzt es mich zu wissen, daß sich die im Wortsinne wundervollen Erlebnisse nicht wirklichkeitsgetreu schildern lassen. Die sanfte Stimme von Alecta rüttelt mich auf.

Das Sonnengeflecht ist auch das Kraft- und Willenszentrum des Menschen, ja jedes sich entwickelnden Wesens. Eine Verkrampfung, also eine Unterfunktion dieses Chakras, ruft im feinstofflichen Astralkleid eine Art von Atemnot hervor. Man kann auch von einem Stromausfall sprechen. Geistige Helfer außerhalb des astralen Bereichs versuchen dann, die energetische Ordnung wiederherzustellen. Immer können Gebets- und Meditationsschwingungen einen solchen Harmonisierungsprozeß unterstützen. Dauert die Verkrampfung des Sonnengeflechts längere Zeit, leiden gewisse Bewußtsein im Astralkörper derart unter Gefühlen der Traurigkeit, daß dieser Seelenschmerz auf den physischen Körper übergreift und dort Lust- und Kraftlosigkeit sowie Apathie aufkommen läßt.

Bei einer Überfunktion im Gefühlszentrum reagiert der betroffene Mensch mit Aggressivität und leidet unter einem kaum zu beherrschenden Aktivitätsdrang. Die ständige Ruhelosigkeit erzeugt in ihm viele Zwänge. Der eine wäscht sich dauernd die Hände, der andere möchte immer gerade das haben, was ihm fehlt, und dies kann sich zu einem sinnlosen Kaufzwang ausweiten. Solche Menschen sind im Umgang mit anderen oft rechthaberisch und unberechenbar. Im Volksmund bezeichnet man sie gar als Tyrannen. Ihre jähzornigen Ausbrüche sind im Grunde genommen unkontrollierte Entladungen überschüssiger Kraft im Sonnengeflecht. Menschen mit diesen Veranlagungen sollten mehrmals täglich dieses Chakra gründlich schließen und zweimal wöchentlich eine Meditation mit dem Wasserelement ausführen.

Von den Auswirkungen solcher Energiestauungen sind besonders die niedrigst entwickelten Bewußtsein im Astralkörper betroffen. Sie suchen solche explosionsartigen energetischen Entladungen, weil sie glauben, dadurch stärker und resistenter zu werden. In Wirklichkeit laden sie sich zusätzlich mit negativen Schwingungsfeldern auf, was ihre Entwicklung beträchtlich behindert. Doch es gibt höher entwickelte Astralbewußtsein, die es sich zur Aufgabe gemacht haben, solchen verirrten Schäfchen Hilfen zu gewähren, indem sie sie in ihr eigenes Schwingungsfeld aufnehmen und energetisch auszugleichen versuchen. Sie sind wie liebevolle Eltern, die auch ihren straffällig gewordenen Kindern Liebe entgegenbringen. In den meisten Fällen gelingen solche Umwandlungsprozesse. Dann steigen diese umgewandelten Bewußtsein im Staate des Astralbewußtseins zu Vorarbeitern empor und leisten anderen Bewußtsein die Hilfe, die sie selbst erfahren haben.

Von solchen Abläufen nimmt der Mensch im allgemeinen nichts wahr außer in nächtlichen Träumen, deren Geschehnisse ihm nur bruchstückhaft in Erinnerung bleiben. Die eigentlichen Zusammenhänge werden dem Verstandesbewußtsein erst verständlich, wenn sich der Mensch so weit entwickelt hat, daß er in der Meditation einen bewußten Zugang zu seinem Astralbereich herzustellen vermag.

Plötzlich leuchtet eines der oberen Blätter des Sonnengeflechts in auffällig grüner Farbe, gespeist von dem Strahl in sattem dunklen Grün, der sich vom Milzzentrum in das Sonnengeflecht ergießt und von da aus den ganzen Unterleib, die Leber, die Nieren und den Bauchraum versorgt. Diese Ausstrahlungen, die dem physischen Körper dienen, werden auch vom Tier-,

Pflanzen- und Mineralreich aufgenommen. Der Energieaustausch vollzieht sich zwischen dem Sonnengeflecht und dem Milzchakra einerseits und der Natur andererseits.

Ist das Sonnengeflecht verkrampft, leiden die ihm und dem Milzchakra angeschlossenen Organe. Da die ganze Natur energetisch mit diesen feinstofflichen Funktionen verbunden ist, wird auch sie von diesen Störungen in Mitleidenschaft gezogen. Bei schweren Störungen der Energiekreisläufe im Sonnengeflecht ist der Betroffene in seiner Persönlichkeit geschwächt und in seiner Ich-Entwicklung behindert. Hemmungen können ihn derart stark blockieren, daß jedes Gespräch mit einem fremden Menschen zur Qual wird. Er hat meist den Blick gesenkt, läßt die Schultern nach vorne fallen, hat schweißfeuchte Hände, neigt zu Kurzatmigkeit und hinterläßt einen unsicheren, nervösen Eindruck.

Während der Dauer einer solchen Störung findet er auch nur sehr schwer Zugang zu seinem geistigen Wesen. Sein Ich ist hauptsächlich auf das Verstandesbewußtsein hin orientiert und verdrängt seine Intuition und seine Träume. Diese Begrenzung auf den Verstand, das Abgeschnittensein von den höheren geistigen Entwicklungen und Dimensionen lassen Ängste in ihm entstehen. Er weiß sich in diesem schwer erträglichen Zustand nicht anders zu helfen, als sich an andere Menschen und Dinge zu klammern. Um die Kette solcher Neurosen zu sprengen, braucht es viel Geduld und Disziplin in regelmäßig ausgeführten Meditationen. Auch eine Gesprächstherapie ist in einem solchen Falle dringend zu empfehlen.

Der Liebesstrom, der von Alecta ausgeht, ist gleichbleibend intensiv und farblich wunderschön. Ich spüre, wie alle Schichten meines Seins harmonisiert werden. Plötzlich erscheinen sämtliche Chakras auf der Leinwand. Der ganze feinstoffliche Energiekreislauf zwischen ihnen wird mir erneut gezeigt. Ich bin fasziniert.

116

Ich sehe wiederum die drei Hauptkanäle, die aus dem Wurzelzentrum die drei Aspekte der göttlichen Energie zum Scheitelchakra führen. Der mittlere Hauptkanal, dessen Energiestrom dem Urbewußtsein, dem Aspekt Gottvater, entspricht, strahlt bis hin zum Herzzentrum dunkelviolett und dann hellviolett aus. Der linke Hauptkanal mit dem zweiten Energieaspekt, dem Christusbewußtsein, trägt vom Wurzel- bis zum Scheitelzentrum durchgehend die rosa Farbe. Der rechte Kanal, in dem der dritte Aspekt, der Heilige Geist, zum Ausdruck kommt, ist orange.

Diese drei Aspekte der einen göttlichen Energie fließen in Nebenströmen aus der Wirbelsäule durch die Blumenstiele in die einzelnen Chakras, und zwar zunächst in unveränderter Farbe in das Sonnengeflecht. In ihm werden sie wie in allen übrigen Chakras in lebenswichtige Energien umgewandelt. Der violette Strahl der Nebenströme verläßt das Sonnengeflecht, strahlt bereits auf seinem Weg in das Herzchakra heller und ergießt sich dann in das Halszentrum, das geistige Auge und schließlich in das Scheitelchakra. Der rote Nebenstrom verläßt das Sonnengeflecht in hellblauer Farbe und fließt durch das Halszentrum und das geistige Auge in das Scheitelchakra. Der orange-farbene Strahl durchläuft gleichbleibend in seiner Farbe das Herz- und Halschakra, ergießt sich dann in dunkelgelber Tönung in das geistige Auge und dann in den Scheitel.

Die Nebenströme sind für die Grundversorgung der Körperorgane und des Ätherleibs mit der Urenergie in den drei Aspekten zuständig. Stirn- und Scheitelzentrum wandeln diese Urenergie in einer besonderen Aufbereitung für den Astralkörper und in jene speziellen Kräfte um, die den Mental- und den Kausalkörper erhalten. Die über die drei Hauptkanäle sowie über die Nebenströme ins Scheitelchakra geführte und über diesen Weg zum Teil verbrauchte Energie fließt dann über die drei Hauptkanäle ins Wurzelzentrum zurück und wird dort erneuert.

»Versucht nicht, die Allmacht Gottes zu verstehen«, lese ich plötzlich auf der Leinwand. »Solange das Verstandesbewußtsein aktiv euer Leben mitbestimmt, werdet ihr, die ihr noch Menschen seid, die Geheimnisse Gottes nicht ergründen können. Seid dankbar für das, was ihr zu begreifen fähig geworden seid. Gott läßt sich nicht zwingen.«

Zum Schluß ruft Alecta in Erinnerung, daß alle Chakras nicht nur vom feinsten Äther durchdrungen sind, sondern ständig Energien aus anderen Dimensionen, Welten und Sphären, aus unzähligen Bewußtsein und von außerirdischen Wesenheiten aufnehmen. Bei allen Menschen und Wesen sind diese Energiezentren aktiv. Bei niedrig entwickelten Bewußtsein sind die Frequenzen gerade stark genug, um die jeweilige Körperform zu erhalten. Sind die Bewußtsein hoch entwickelt, strahlen und pulsieren die Chakras wie glühende Sonnen. Solche Menschen oder Wesen werden von so viel Energie durchströmt, daß ständig neue Entwicklungen stattfinden können.

Auch die Zeit steht unter dem Gesetz der Polarität. Statt der Zeitlosigkeit, die in der göttlichen Einheit herrscht, gibt es auf unserem Planeten die Zeitfaktoren Plus und Minus, die Aufteilung in einen Zeitablauf nach vorne in die Zukunft (Plus) und zurück in die Vergangenheit (Minus). Die Plus-Zeit als Energie erzeugt rechtsdrehende, die Minus-Zeit linksdrehende Schwingungskreise. Auch während einer irdischen Entwicklung lebt der Mensch sowohl in der Plus- als auch in der Minus-Zeit. Das rührt daher, daß die Energie in den ersten fünf Chakras linksdrehende Schwingungskreise erzeugt, während im Stirn- und Scheitelzentrum die Energie in rechtsdrehenden Schwingungskreisen fließt. Eine Ausnahme bildet das Wurzelzentrum, das beide Seiten in sich vereint, in seinem äußeren Bereich die Minus-Zeit und im Wirbel die Plus-Zeit.

Plötzlich sehe ich, wie die vielen weißen Blumen, die auf der Wiese stehen, als Hunderte kleinster Lichtwesen, Lichtkinder, sich bewegen. Sie stimmen einen wunderbaren Gesang an, den

118

ich nie wieder werde vergessen können. Die Zeit zur Verabschiedung ist gekommen. Alecta ruft uns zu: »Gottes Segen mit euch, Friede und Liebe!« Langsam schwebt sie davon. Zwei Lichtkinder begleiten mich zu meinem Körper zurück. Jeder Abschied ist schwer, doch ich lächle ihnen dankbar zu.

Ich war ganz erstaunt, als ich im Wald aufwachte, denn ich hatte vergessen, wo ich mich mit meinem Körper befand. Angst überfiel mich bei dem Gedanken, wie der Leser wohl auf diese unwahrscheinlichen Ereignisse reagieren könnte. Trotzdem dankte ich Gott für das, was ich erleben durfte.

Für die 5. Auflage dieses Buches erhielt ich die folgenden Erläuterungen zum vorstehenden Kapitel.

Alecta, die den Leser mit den Worten »Wir loben und preisen die Schöpferkraft« begrüßte, steht für eine Art mütterlicher Schöpfungskraft Gottes. Diese ist in besonderer Weise dem menschlichen Solarplexus zugeordnet, weil in ihm Gefühl und Wille zentriert sind. Jener »innerste Kreis aus rosarot fließender Energie« ist gewissermaßen Alecta im Menschen. Allein aus den beiden ineinander wirkenden Eigenschaften Gefühl und Wille kann auch der Mensch schöpferisch sein.

Daß Kinder und Blumen um die »vielfarbige Lichtgestalt« Alectas herum weiß sind, bezeugt, daß sich die höchste göttliche Schöpferkraft in der Aussendung von weißem Licht manifestiert. Im Strahlen nach »außen« fächert sich dieses weiße Licht in die Regenbogenfarben auf. Jene immer neu hervorsprühenden Lichtschöpfungen strahlen durch alle Sonnen- und Sternensysteme und gewinnen durch deren Resonanz ihre eigene Gestalt.

119

Daß Alecta für ein schöpferisches Sonnensystem steht, geht aus dem »feurigen, strahlenden Ball« hervor, zu dem sie mit allen Kindern verschmelzen kann. Blumen und Kinder sind identisch: Schöpferisches Leben und Wirken Gottes ist ewiger, unendlicher Anfang, ist immer neu. Die Allmacht Gottes ist, wie Alecta sagt, nicht zu verstehen, sie ist DAS LEBEN. Nur jene Menschen, die von diesem all-einen Leben fasziniert sind, wachsen mit ihren Seelenkräften in dieses hinein.

Das Herzchakra

Kaum ein Mensch verirrte sich auf die Alm, auf der ich lebte. Außer den zirpenden Grillen und dem Rauschen des Windes war kein Laut zu vernehmen. Das Atmen der Natur gab mir die Kraft, meine Entwicklung durchzustehen. Es war, als ob sich meine menschlichen Schwächen in dieser unberührten Natur auflösten. Ich fühlte mich in ihr absolut geborgen, fühlte mich Gott ganz nahe.

Als ich wieder einmal den nahegelegenen Wald aufgesucht hatte, um zu meditieren, machte es mir seine Stille leicht, sofort in ein anderes Bewußtsein hineinzugleiten. Bald spürte ich im ganzen Körper starke Schwingungen, so als würden mich Wellen forttreiben. Dann sah ich drei Helfer, die mir aus früheren Meditationen bekannt waren. Wie alte Freunde begrüßten wir uns herzlich. Diesmal verließ ich meinen Körper nicht. Es entstanden Bilder vor meinem geistigen Auge, wie früher, als ich noch Hellsehsitzungen gab. Die wellenförmigen Schwingungen in mir klangen langsam ab, es blieb nur noch ein Vibrieren in der Brustgegend. Dann zeigten sich mir Bilder vom Herzchakra, die sich mit den dazugehörigen Informationen meinem Gedächtnis wieder so stark einprägten, daß ich am Abend aus meiner Erinnerung aufschreiben konnte, was hier folgt.

Das Herzchakra, das vierte geistige Zentrum, strahlt wie eine gold-gelbe Sonne. Die direkt in den Wirbel führenden Energieströme lassen zwölf Speichen und ebenso viele Blätter entstehen. Der Wirbel flimmert gold-orange und sprüht leichte Funken aus, die vom Ätherkörper aufgenommen werden. Im Vergleich mit den bereits beschriebenen Energiezentren strahlt das Herzchakra am lebendigsten. Im Mittelpunkt ist es dunkelgrün, und feinste grüne Striche durchziehen auch die Blätter. Zudem verstärkt ein flimmerndes Orange seine gelbe Leuchtkraft. Vom Wirbel aus fließt der gold-gelbe Strahl über den Blütenstengel und das Rückenmark inständigen kurzen Intervallen dem Gehirn zu, das von dieser Energie förmlich durchtränkt ist. Das Herzzentrum versorgt also hauptsächlich das Gehirn mit der lebenswichtigen kosmischen Energie.

Die Entwicklung des Herzzentrums bestimmt die allgemeine menschliche Lebenseinstellung. Es ist das kontrollierende Organ für unseren Gefühlsbereich. Die Fähigkeit zur selbstlosen Liebe ist abhängig von seiner Schwingungsfrequenz. Ein gut entwickeltes Herzchakra läßt eine warme Ausstrahlung entstehen, die die Herzen der Mitmenschen öffnet und Vertrauen weckt. Herzlichkeit und Fröhlichkeit sind Gefühlsäußerungen, die ihren Ursprung im Herzzentrum haben. Auch unser Verständnis für andere hängt von seiner Entwicklung ab. Es ist wie ein Radar, der uns über die Intuition anzeigt, wie ehrlich andere es mit uns meinen und ob wir ihnen vertrauen dürfen.

Die Ausbildung des Herzchakras bestimmt die Reinheit und Qualität unserer Gedanken und unsere gefühlsmäßige Beziehung zu Gott. Vom Herz- und Stirnchakra hängt unsere Fähigkeit ab, die Schwingungen der geistigen Helfer aufzunehmen. Jakob Lorber, der große Prophet des vorigen Jahrhunderts, vernahm die innere Stimme »in der Gegend des Herzens«. Herzchakra-Meditationen sind besonders geeignet, zwischenmenschliche Beziehungen zu fördern. Sie ermöglichen uns auch, Energien feinstofflicher Dimensionen wahrzunehmen. Wenn zusätzlich das dritte Auge gut entwickelt ist, erwirbt jeder Mensch im Laufe der Zeit die Fähigkeit, Menschen, Tieren und Pflanzen Heilenergien zu vermitteln.

Das Herzchakra ist die Quelle von Licht, Wärme und Kraft

im menschlichen Körper. Durch dieses Chakra tritt bei vielen Menschen der Astralkörper aus, wenn er sich des Nachts auf Reisen begibt. Das Gefühl, daß wir überhaupt existieren, verdanken wir vor allem der Tätigkeit des Herzchakras. Mit ihm nehmen wir mehr als mit unseren Sinnesorganen die Natur, die Kunst, die Musik, ja gar die Sprache wahr. Im Herzenergiezentrum werden Bilder und Klänge in Gefühle umgewandelt. In ihm spüren wir auch unser Gutsein, unser Mitgefühl und unsere Hilfsbereitschaft. Wenn uns Erlebnisse besonders berühren, hat dies seine Quelle im Herzchakra. Durch den Du-Kanal, der ein besonderes Energiefeld im Herzzentrum darstellt, fließen Energien in das Sonnengeflecht und in die verschiedenen Kammern des Unterbewußtseins. Je nach der Entwicklung dieser beiden Chakras werden unsere unterschiedlichen Erfahrungen umgewandelt, geben sie unserer Seelenkraft oder aber der Angst und der Schwäche Nahrung. Auch die seelische Tragfähigkeit hängt weitgehend von der Entwicklung des Herzzentrums ab.

Menschen mit schwach ausgebildetem Herzchakra sind oft anderen gegenüber gehemmt, haben hängende Schultern und blicken meistens auf den Boden. Ihr Händedruck ist kaum spürbar, ihr Atem kurz. Mangelnde Sensibilität, Taktlosigkeit und Kontaktarmut zeichnen sie aus. Die Folgeerscheinungen im gesundheitlichen Bereich sind nervöse Herzbeschwerden und Kreislaufstörungen. Das seelische und körperliche Gleichgewicht geht verloren. Bei Verkrampfungen des Herzchakras kann man gar den gefühlsmäßigen Bezug zu seinem Körper ganz verlieren.

Eine tiefe Versenkung in der Meditation und Kontakte mit der persönlichen geistigen Führung sind nur möglich, wenn Herz- und Stirnchakra optimal funktionieren. Meine bisherige Annahme, für das Hellsehen sei nur die Entwicklung des dritten Auges maßgebend, erweist sich als falsch. Inspirationen, Visionen und alle anderen medialen Erfahrungen hängen ebensosehr mit der Entwicklung des Herzzentrums wie mit derjenigen des geistigen Auges zusammen. Beim Hellsehen, zum Beispiel, wirken das Herzzentrum und das geistige Auge nebst dem Gehirn zusammen, um die aufgenommene ätherische Energie in Bilder umzuwandeln. Ich nehme die Belehrung gerne an. Plötzlich sehe ich über dem Herzchakra ein auf der Spitze stehendes, silbrig schimmerndes Dreieck, das die Kundalini-Kraft auf ihrem Weg nach oben so dosiert, wie es nach dem jeweiligen Entwicklungsstand einem Menschen zuträglich ist. Ein solches Dreieck ist auch im Wurzel- und Stirnchakra vorhanden und übt die gleiche Funktion aus.

Mit einem tiefen Atemzug kehrte ich in das Tagesbewußtsein zurück. Ich ließ mich von den Schwingungen des Waldes umarmen und spürte Licht, Liebe und Geborgenheit in meiner Seele. An einen Baumstamm gelehnt hing ich etwa eine Stunde meinen Gedanken nach. Was dann geschah, habe ich im folgenden Kapitel festgehalten.

Die Abstammung des Menschen

Ich saß noch an der gleichen Stelle des Waldes, an der ich die Informationen über das Herzchakra erhalten hatte. Da überkam mich die bekannte Müdigkeit. Ich fühlte noch die Ausstrahlung des Baumes, als ich in den Schlaf sank. Ich ahnte nicht, daß ich revolutionierende Informationen über die Abstammung des Menschen erhalten würde.

Im Schlaf sehe ich meinen eigenen Körper, den ich verlassen habe, unter dem Baum sitzen. Ich empfinde den Drang, mit meinen Helfern wegzuschweben. Jauchzende Freude erfüllt mich, als wir in verschiedenfarbigen Dimensionen herrliche Düfte und Klänge wahrnehmen. Ich trage ein nachtblaues Gewand, doch als unsere Reise in einer hellgrünen Sphäre endet, nimmt auch mein Gewand verschiedene Grüntöne an, und eine eigenartige Wärme durchflutet mich. Das ist also die Anpassung an diese Dimension, denke ich. Ein Helfer tritt vor uns hin – wir sind sieben an der Zahl – und spricht: »Gott zum Gruß, liebe Schwestern und Brüder, der Regen des Segens ist mit euch!« Neben ihm schwebt eine Leinwand im Raum, auf der ich den folgenden Text lese.

Wurzel- und Sexualchakra sind für die Körperkräfte des Menschen verantwortlich, das Sonnengeflecht mit dem Milzchakra, das Herzchakra, das Hals- mit dem Genickchakra für die menschliche Persönlichkeit und seine seelische Kraft, das geistige Auge und das Scheitelzentrum für die Entwicklung des göttlichen Selbst.

Zu Beginn der Entwicklungsgeschichte, als die Erde und das Planetensystem noch nicht in der jetzt bekannten Form existierten, bestand der Raum aus einer ätherischen Masse. Viele eigenständige Bewußtsein mußten sich erst der Kraft ihres freien Willens bewußt werden, bevor sie sich entscheiden konnten, welchen Entwicklungsweg sie einschlagen wollten. Als die Harmonie zwischen den Planeten geschaffen war, siedelten sich die auf dem unterschiedlichsten Entwicklungsstand befindlichen Wesenheiten in jeweils anderen Welten, Dimensionen und Schichten an. Die einen beschlossen, sich innerhalb des Mineralreichs zu vervollkommnen, die anderen wählten den Weg über das Pflanzenreich. Ihre Sehnsucht nach der Rückkehr in die Harmonie Gottes ließ sie zu stillen Dienern des Menschen, der Natur und gewisser feinstofflicher Sphären werden. Ihr Ziel war es, sich von Elementar- und Naturwesen zu Devas emporzuarbeiten. Ihnen, als Trägern der absoluten Nächstenliebe, wurde die Gnade gewährt, sich nicht unter dem Gesetz der Zeit verwirklichen zu müssen. Sie leiden also nicht wie wir Menschen unter dem Eindruck, die Entwicklungen seien von kurzer oder längerer Dauer. Ihr einziger Wunsch ist es, zu dienen und dadurch Gott näherzukommen.

Wieder andere, tiefer gefallene Wesen wählten für ihre Evolution zurück in die göttliche Einheit den Planeten Erde und den Weg über das Bewußtsein der Tiere. Sie besaßen in ihren Anfängen nur das Wurzelzentrum, das damals auch ihr Aussehen bestimmte. Die Wesen, die sich über das Bewußtsein der Pflanzen entwickelten, hatten ein Wurzel- und Milzchakra sowie ein Sonnengeflecht. Jene, deren Weg über das Mineralbewußtsein ging, waren mit einem Wurzel- und einem Milzzentrum ausgestattet.

Andere Bewußtsein, die sich weniger weit aus der göttlichen Harmonie entfernt hatten, wählten ihren Entwicklungsweg auf außerirdischen Planeten dieses und anderer Sonnensysteme und Galaxien. Ihr Wachstum vollzog sich nicht wie beim irdischen

Menschen über das Fleischliche, über die niederen Triebe. Sie entwickelten sich in feinstofflichen Hüllen und besaßen von Anfang an alle sieben Chakras. Sie behielten und erweiterten mehr und mehr die Fähigkeit zur außersinnlichen Wahrnehmung und ihr Vermögen, mit kosmischen Kräften umzugehen. Sie mußten nie um Gesundheit bitten. Sie blieben frei von den Fesseln des Verstandes und den Einengungen des Egoismus.

Sie kamen sehr schnell voran, und als sie den Weltenraum bereisen konnten, besuchten sie die Menschen der Erde. Es war für sie kein Problem, ihre Feinstofflichkeit zu verdichten und – so wie wir Kleider anziehen – einen physischen Körper anzunehmen, also sich zu materialisieren. Sie verbanden sich geschlechtlich mit den Erdenbürgern, so daß die menschlichen Erbträger, die Gene, ganz neue Informationen erhielten. Damit war die Grundlage für höher entwickelte menschliche Bewußtsein geschaffen. Die Kinder aus diesen Verbindungen wurden im Laufe einer langen Zeit auch mit den übrigen Chakras geboren. Als sich das Herzzentrum bildete, gelangte der Mensch erstmals zu individueller Verantwortlichkeit und zu einer immer stärker ausgeprägten Sensibilität. Schließlich entstand der Mensch, wie wir ihn heute kennen.

Die Wesen, die sich auf anderen Planeten verwirklichten, fühlten sich seit Anbeginn aufgerufen, zu gegebener Zeit ihren am tiefsten gefallenen Brüdern und Schwestern, den irdischen Menschen, zu helfen. Über diese Form der Nächstenliebe strebten sie ihre Rückkehr in die göttliche Harmonie an. Sie werden dem Menschen die Liebe Gottes kundtun, wenn an der bevorstehenden Zeitenwende der Bewußtseinssprung auf der Erde erfolgt. In diesem Augenblick vereinigen sich eine unvorstellbare Zahl von Entwicklungslinien in einem Punkt, und alle Menschen werden die Ketten des Verstandes sprengen, sich gegenseitig erkennen und einander beistehen. Viele werden dieses Geschehen als Neugeburt empfinden, und ihre Lobpreisung Gottes wird als gewaltige Schwingung alle Dimensionen und Sphären durchströmen. Bestehendes wird zerfallen, Neues wird entstehen.

Unter den Bewußtsein, die sich im Mineral- und Pflanzenreich entwickelten, gab es auch solche, die ihre angestammte Heimat verlassen wollten. Sie inkarnierten sich in einem menschlichen Körper. Immer aber zeichneten sie sich über viele Generationen hinweg dadurch aus, daß sie sich für den Schutz der Natur und die Respektierung ihrer Gesetze verwendeten, oft bis zum Einsatz ihres Lebens. Es gibt auch viele auf diesem Planeten verkörperte Menschen, die einst außerirdisch höherentwickelte Wesen waren, ihren freien Willen aber zum Schaden anderer einsetzten und nun zur Wiedergutmachung freiwillig die körperliche Begrenztheit auf sich genommen haben. Eingekerkert in der physischen Hülle und gefangen in den Fesseln des Verstandes leiden sie so lange, bis ihre schuldig gewordenen Bewußtsein wieder voller Sehnsucht dem Ziel zustreben, ein ewig in Gott lebender Geist zu sein. Wenn man die verschiedenen Entwicklungswege verfolgt, muß man feststellen, daß nur die Bewußtsein, die ihre Entwicklung über das Tier nahmen, in Wirklichkeit Kinder des Planeten Erde sind. Sie machen knapp die Hälfte aller Erdenbewohner aus.

So neu und fremdartig es nach dem Stand der Wissenschaft auch klingen mag: Es haben nicht alle Menschen dieselbe Abstammung. Aber ist das Wunder, daß im Laufe der Jahrmillionen aus einem Fisch, der im menschlichen Sinne weder denken noch handeln konnte, ein Mensch entstand, nicht genauso unfaßbar wie das Wunder, daß bewußt denkende Wesen sich aus dem Pflanzenreich oder aus anderen Schwingungsebenen heraus entwickelt haben? Wir können Gott nicht schauen, seinen ewigen Geist nicht verstehen, aber die Vielfalt seiner Werke läßt uns ahnen, daß seine Schöpferkraft grenzenlos ist.

128

Der Text hatte bei mir zunehmend und schließlich in einem so hohen Grad Verwunderung erregt, daß ich plötzlich ohne Verabschiedung von dem feinstofflichen Lehrer und seiner Gruppe in meinen physischen Körper zurückglitt. Ergriffen, aber auch verstört eilte ich dem Hause zu. Ich empfand es wie einen Trost, als die Dunkelheit des Abends sich um mich legte. Allein mit meinem menschlichen Erinnerungsvermögen wäre ich nie in der Lage gewesen, den gesamten Text dieses und des vorangehenden Kapitels zusammenzubringen. Doch mit der Hilfe meines geliebten Torhüters konnte ich mir bei der schwierigen Niederschrift und bei der Endredaktion das Walderlebnis mit allen Bildern und Erläuterungen immer neu vergegenwärtigen.

Eine Botschaft aus der Jupitersphäre

Von meinem Helfer erfuhr ich, daß ein hohes Wesen aus der Jupitersphäre sprechen werde und daß ich ausnahmsweise einen Freund hinzuziehen solle, weil sein zusätzliches Schwingungsfeld es mir erleichtere, die Energiespannung dieses Bewußtseins körperlich zu ertragen. In einigem Abstand setzten wir uns einander gegenüber. Mit den Worten »Bis später!« verabschiedete ich mich von meinem Freund und glitt langsam in ein anderes Bewußtsein.

Wenn die Energien, aus denen ich bestehe, in Buchstaben gefaßt werden, ergibt dies den Namen Asmodel. Gott zum Gruß!

Ich bin aus der Jupitersphäre, bin der Leiter des Urprinzips der kosmischen Liebe und Weisheit. Ich habe Zugang zu allen Sphären und Dimensionen. Indem dieses Instrument jetzt Daumen und Zeigefinger beider Hände zusammenfügt, wird sowohl der rechte als auch der linke Schwingungskreis in sich geschlossen, und sie fließen nicht mehr ineinander. Diese Aufhebung der Polarität erleichtert das Sprechen. Der Rücken dieses Instruments berührt die Stuhllehne nicht, so daß das Wurzelchakra frei liegt. Das ist für diesen bestimmten Versenkungsgrad wichtig, denn die Frequenz im Wurzelchakra erhöht sich stark, und vermehrt steigen Energien durch die Wirbelsäule hinauf zum Gehirn. Diese Sitzweise erleichtert es dem Instrument, meine Schwingungen, die es stark durchströmen, körperlich zu ertragen. Eine Berührung dieses Instrumentes würde es in einen Komazustand versetzen, denn diese tiefe

Trance ist mit den Wirkungen einer Starkstromleitung vergleichbar.

Du wirst im Laufe der Sitzung bemerken, daß die Sprechweise immer flüssiger wird. Das hat damit zu tun, daß der physische Körper und die verschiedenen Bewußtsein des Astralkörpers meinem Schwingungsfeld mehr und mehr angepaßt werden. Bis diese Anpassung vollzogen ist, klingen die Worte noch etwas abgehackt. Durch die Frequenzerhöhungen in allen Chakras sind jetzt viele Seelenbewußtsein dieses Mediums in Aktivität. Auch wenn eine solche Sitzung den physischen Körper etwas ermüdet, trägt er keinen Schaden davon.

Der Abfall des Blutdrucks, der zu Beginn der Versenkung eine Abkühlung bewirkt, wird langsam ausgeglichen, und Wärme kehrt in den Körper zurück. Die Muskeln des Beckenbereichs werden hart, und das Instrument empfindet diese Steifheit als Stütze für das Skelett. Du bemerkst den tieferen Atem dieses Körpers. Würden die von mir ausgestrahlten Energien diese Muskelverhärtung nicht bewirken, ginge der Atem sehr hastig, was einen Sauerstoffmangel zur Folge hätte. Auch dies ist eine Form der Einstellung.

Lieber Freund, du siehst vor dir einen Körper, aus dem immer deutlicher ein anderes geistiges Wesen spricht, ein Wesen, das diesen Körper üblicherweise nicht als Tempel benutzt. Das geistige Wesen, das sonst in diesem Körper wohnt und sich verwirklicht, hält sich jetzt in Begleitung des Torhüters in der sechsten Astraldimension auf. Es braucht einen langen Entwicklungsweg und viele, viele Leben, bis ein solcher Vorgang ohne Schaden für den Körper und ohne Verwirrung der Gedanken oder einiger Seelenbewußtsein möglich ist. Ein Mensch kann ein solches Geschehen niemals erzwingen. Da diese Entwicklungsprozesse gesteuert werden, ist auch Furcht nicht am Platze. Bevor das geistige Wesen sich zu dieser medialen Tätigkeit in einem irdischen Leben entschließt, sucht es sich einen entsprechenden Körper aus und bereitet sich in den anderen Dimensionen so darauf vor, daß auch das Verstandesbewußtsein sich nicht dagegenstellt.

Es mag Menschen geben, die solche Geschehnisse für Wahnsinn halten, doch damit hat es wirklich nichts zu tun. Entwicklungen dieser Art erscheinen nur dem Unerfahrenen fremd. Für das Instrument selbst bedeutet ein solches Geschehen ein tiefes Lichterlebnis. Wir tun dies im Hinblick auf das Neue Zeitalter kund, denn dann werden viele Menschen solche Ereignisse mit Freude und Dankbarkeit erleben. Viele, die diese Erde jetzt bevölkern, tragen hoch entwickelte Bewußtsein in sich, die, wenn die Schleier fallen, sofort wirksam werden. Und mancher, der jetzt diese Botschaft liest, sie gar verurteilt oder sich fürchtet, wird selbst zu gegebener Zeit solche Lichterlebnisse erfahren dürfen.

Inmitten der Sitzung fiel meinem Besucher ein, daß vergessen wurde, das Telefon abzustellen. Er wußte, daß der schrille Ton eines Anrufs einen Schock auslösen kann. Er wußte jedoch nicht, daß das aufgebaute gemeinsame Schwingungsfeld abrupt zusammenbrechen würde, wenn er sich daraus entfernte. Als er sich zum Telefon begab, litt ich plötzlich unter wechselnden Kälte- und Hitzewallungen und starken körperlichen Schmerzen. Es dauerte eine Weile, bis ich in mein Tagesbewußtsein zurückkehren konnte. Währenddessen belehrte Asmodel mit seinen letzten Worten den Besucher, daß solche Aktivitäten mir gesundheitlich schaden könnten und auf jeden Fall vermieden werden sollten. Erst nach einer längeren Erholungspause konnte ich mich erneut versenken.

Ich nehme die abgebrochenen Erklärungen wieder auf. Wenn der Astralkörper eines gut entwickelten Mediums den physischen Körper verläßt und diesen Tempel einem anderen Wesen zur Verfügung stellt, damit Botschaften vermittelt werden können, hat dies absolut nichts mit Besessenheit zu tun. Von Besessenheit spricht man, wenn unverkörperte, niedrig entwickelte Bewußtsein, die noch an die Erdgürtelzone, also an die Hülle der Erde, angekettet sind und ihre geistigen Entwicklungsmöglichkeiten nicht erkennen, sich in den feinstofflichen Bereichen eines meist labilen Menschen einnisten und ihn mit ihren Ängsten und Schmerzen besetzen.

Stellt ein Medium bewußt seinen Körper zur Verfügung, geschieht das in Zusammenarbeit mit allen seinen höher entwickelten Seelenbewußtsein und mit dem Einverständnis des Torhüters. Schon jetzt laufen die Vorbereitungen dafür, daß im Neuen Zeitalter viele zu einer solchen Tätigkeit fähig sein werden. Die gegenwärtige Entwicklungsszene dieser Welt gleicht einer Bühne, deren Vorhang noch geschlossen ist. Dahinter aber herrscht reges Leben, wird viel geprobt. So proben auch für ihre mediale Tätigkeit schon viele Bewußtsein, wenn auch der Verstand keine Kenntnis davon hat.

Da ich der Leiter der kosmischen Liebe und Weisheit bin, ein Teilaspekt des Urprinzips, obliegt es mir, die Energien, die in allen Welten und Sphären zirkulieren, so umzuwandeln, daß das ganze kosmische System in Harmonie bleibt und im wahrsten Sinne des Wortes nicht aus den Fugen gerät. Ich bin der Hüter des Guten, aber auch verantwortlich dafür, daß alles Böse, das ja ein Teilaspekt des Ganzen ist, einerseits transformiert, andererseits richtig in die verschiedenen Sphären und Dimensionen verteilt wird. Für die Menschen hat Jesus Christus die kosmische Liebe und Weisheit sichtbar verkörpert. Die Gedankenschwingungen des Göttlichen, des Christusbewußtseins, sind der Wirkgrund jeglichen kosmischen Geschehens.

Als ein Teil der Bewußtsein aus der göttlichen Harmonie ausgeschieden war, wollte jedes dieser Bewußtsein machtbesessen in der anfänglichen Dunkelheit unabhängig von den anderen seine eigene Welt aufbauen. Dadurch gerieten sie in jenen Seelenzustand, der als Hölle bezeichnet wird, die also nichts anderes ist als die Frucht der menschlichen Taten, nicht aber eine Strafaktion Gottes. Außer den Wesen, die niemals von der Harmonie des Urgrunds getrennt waren, sich aber freiwillig verkörperten, haben alle Menschen, die sich auf dem Planeten Erde entwickelten, irgendwann einmal zu Beginn ihrer geschichtlichen Evolution das Böse durchlebt, das sie heute verabscheuen. Es ist wichtig zu wissen, daß jeder Mensch im Laufe vieler Entwicklungen alle Phasen der Dunkelheit durchwandert hat. Deshalb steht es uns nicht zu, andere zu verurteilen und zu richten.

Damit meine ich nicht, daß, wer brutal gegen die Gesetze der Menschlichkeit verstößt, nicht bestraft werden sollte. Solche Gesetze sind für den Menschen, der sich nur an Maßstäben orientieren kann, wichtig. Der Richter aber sollte unterscheiden zwischen dem irdischen und dem geistigen Gesetz. Er darf nach dem irdischen Gesetz bestrafen, aber er darf einen anderen nicht aus seinen Seelenbewußtsein heraus verurteilen, denn dazu ist kein Mensch berechtigt.

Als beim Menschen, der sich über das Tier entwickelt hatte, nur erst das Wurzelzentrum funktionierte, waren die triebhaften, niedrig entwickelten Bewußtsein noch gänzlich umnachtet. Obwohl die äußere Gestalt immer mehr dem Menschen ähnlich sah, nahm er sich, was er wollte, und Mord und Totschlag gehörten zum täglichen Leben. Im Laufe langer Entwicklungen bemerkten immer mehr Menschen, daß Haß nur wiederum Haß erzeugt, daß jeder Angriff erwidert werden und auch den Angreifer in Gefahr bringen kann. Diese Erkenntnisse fielen als Lichtstrahlen in ihre Dunkelheit, und sie entwickelten sich nicht mehr ausschließlich durch negative Handlungen. Nach und nach waren sie in der Lage, ihre Mordgelüste zu unterdrücken, statt sie physisch auszuleben. Schließlich lernten sie, diese Mordgelüste nicht zu verdrängen, sondern sich ihrer bewußt zu werden, sie in Gedanken zu erleben und zu bewältigen. Die Menschen erkannten, daß es Gut und Böse gibt, also eine Polarität,

134

und sie lernten, den Nächsten zu achten. Sie versuchten, die geistigen Gesetze zu verstehen, und wurden fähig zu verzeihen.

Aber niemals war Böses gleich Bösem. Das Gewicht der Verantwortung, das Gewicht eines Fehlers hängen von dem Entwicklungsstand der Bewußtsein ab. Deshalb sind die Taten der Menschen nicht über einen Leisten zu schlagen. In der Zeitenwende wird dieses Verständnis im Völkerbewußtsein erwachen. Hohes geistiges Wissen hat im übrigen überhaupt nichts mit dem zu tun, was der Mensch äußerlich darstellt, hat nichts mit Macht oder Reichtum zu tun. Auch in ganz armen Schichten und als unterentwickelt bezeichneten Ländern gibt es viele hohe, reife Bewußtsein. Wohlstand kann ebenso wie die Armut blenden, und beide Pole sind zur Entwicklung der Menschen und ihrer Welt nötig.

Mit Rücksicht auf den Körper dieses Instruments ruft mich sein Torhüter jetzt zurück. Liebe und Weisheit durchströmen euch, alle Bewußtsein in allen Körpern. Friede ist mit euch, Friede und Liebe, denn Gott ist in euch, so wie ihr in ihm seid. Laßt diese Gewißheit durch alle eure Poren ausstrahlen! Liebt, strahlt Liebe in die Welt hinein, weil ihr Liebe seid! Gott zum Gruß!

Ich bitte dich, dieses Instrument vorsichtig und ohne körperliche Berührung so lange zu schließen, bis es die Augen öffnet.

Die Polarität von Gut und Böse

Da Asmodel zurückgerufen worden war, bevor er seine Ausführungen über Gut und Böse beenden konnte, begab ich mich wenige Tage darauf bei laufendem Tonbandgerät in Trance und hoffte, weiteres zu erfahren. Mit zwei Unterbrechungen wegen der notwendigen körperlichen Erholung diktierte ein Helfer namens Ramir den folgenden Text.

Obwohl ich ein Helfer dieses Instrumentes bin, sind ihm meine Schwingungen nicht vertraut, weil ich über einen neuen Kanal spreche. Dieses Medium kennt mich nicht aus Meditationen oder Sitzungen, sondern nur aus Träumen. Wenn sein Seelenbewußtsein im nächtlichen Tiefschlaf Erfahrungen in Dimensionen außerhalb der Astralsphäre sammelt, bin ich oft einer der Begleiter. Mein Name ist Ramir. Gott zum Gruß! Ich will nun versuchen, euch ein erweitertes Verständnis von Gut und Böse zu vermitteln.

Beide Begriffe gelten nur für Wesen, die in der Zeit leben. Außerhalb des Faktors Zeit existieren Gut und Böse nicht, sondern nur Schwingungsfelder, die man allgemein als Harmonie bezeichnet.

Solange Menschen entwicklungsbedingt noch unter dem Gesetz der Polarität stehen, bleiben Gut und Böse nicht nur ein Teil ihrer Persönlichkeit, sondern machen ihr Wesen aus. Jeder Mensch ist gleichzeitig gut und böse, aber die Anteile beider Aspekte kommen je nach Bewußtseinsentwicklung unterschiedlich zum Tragen. Auch in einem Menschen, den ihr aus eurer Sicht als schlecht bezeichnet, sind alle Grundlagen für das Gute vorhanden, und umgekehrt. Ihr alle, die ihr euch zu den guten Menschen zählt, habt durch Entwicklungen in Jahrmillionen die Dunkelheit bis zu einem gewissen Grad überwunden. Ihr seid aufnahmefähiger geworden für das Licht, für das Gute. Vergeßt aber nie – es wurde schon einmal gesagt –, daß auch ihr einmal im Dunkeln wart und das Böse ausgelebt habt. Diese Erinnerung sollte euch zur Vorsicht mahnen bei der Beurteilung anderer, die noch in der Dunkelheit sind oder sie gerade erst verlassen haben.

Wie euch ebenfalls bereits erklärt wurde, gibt es in jedem einzelnen Menschen viele Bewußtsein. Etliche dieser Bewußtsein sind vom Frequenzbereich ihrer Schwingungen her eigens dazu bestimmt, das Böse, die Schattenseite des Menschen, zu tragen. Es ist nicht möglich, daß in einem hochentwickelten Bewußtsein gleichzeitig der Anteil des Bösen existiert. Dieser wirkt immer in einem separaten Bewußtsein. Wenn ein Mensch aus reinen Motiven Gutes tut, strahlt dieses Licht auch auf die noch nicht entwickelten, sogenannten bösen Bewußtsein aus und verändert diese, bis sie im Laufe der Entwicklungen von den Lichtbewußtsein angezogen werden und sich schließlich mit ihnen vereinigen.

Es ist mir ein großes Anliegen, euch Menschen begreiflich zu machen, daß niedrige Gefühle, die in euch hochsteigen, nicht verdrängt werden dürfen. Laßt vielmehr auch solche Gedanken, die ihr als böse bezeichnet, an die gedankliche Oberfläche kommen und macht sie euch als Teil eures noch nicht entwickelten Ganzen bewußt. Wer niedrige Gefühle als vorhanden anerkennt, akzeptiert damit, daß er in der Polarität steht. Sich dessen bewußt zu werden, ist schon ein wichtiger Entwicklungsschritt. Dadurch sind diese als böse bezeichneten Regungen schon mit viel Licht bestrahlt. Weil er sie nicht verdrängt, sondern sich ihr

Vorhandensein eingesteht, kann er sie gedanklich ausleben und muß es nicht mehr in der physischen Realität tun. Wenn er zusätzlich diese Regungen im Vertrauen auf Gott auflöst, ist das Dunkle endgültig umgepolt.

Wer dagegen das Negative in sich, ob als Gedanke oder als vollzogene Handlung, nicht wahrhaben will, schiebt es als Energie seinem Körper zu. Dieser setzt sich dagegen zur Wehr und schlägt nach einiger Zeit mit Krankheit Alarm. Allein die absolute Ehrlichkeit sich selbst gegenüber verhilft dazu, das noch Unvollkommene, die Fehler und Schwächen nicht in irgendein Organ hinein zu verdrängen, sondern dem Verstandesbewußtsein zu öffnen.

Es gehört zur seelisch-geistigen Entwicklung, sich das eigene Gut- und Bösesein bewußt zu machen, am besten in der allabendlichen Gewissensprüfung. Hierbei kann es eine große Hilfe sein, wenn ihr euch hin und wieder die Zeit nehmt, die Fehler und Schwächen und die unterdrückten bösen Gefühle des Neids, des Hasses, des Hochmuts auf ein Blatt Papier zu schreiben. Mit Hilfe der Vorstellungskraft und mit dem tiefen Wunsch um Besserung könnt ihr sie dann eurem höheren Bewußtsein übergeben. Dieses wird, wenn eure Bitte von absoluter Reinheit ist, in absehbarer Zeit die disharmonischen Schwingungen in harmonische Seelenzustände umwandeln. Aus eurem Negativum ist ein Positivum geworden.

So werdet ihr mit Hilfe des Hohen Selbst gestimmt wie ein Instrument. Ihr dürft aber eventuell auftretenden Zweifeln keinen Platz einräumen, denn sie würden die Lichtqualität eures reinen Gedankens trüben. Natürlich könnt ihr euch auch mit bewußt gesprochenen Gebeten heilbringenden göttlichen Schwingungen anschließen, und das Böse wird sich auflösen wie Schnee unter der Sonne. Gott ist unendliche Liebe und Verzeihung. Im Gebet gewinnt ihr die Gewißheit, daß er euer Menschsein sanft und in Güte auffängt und euch Trost verleiht. Alles zu überwindende Böse, alle Fehler und Schwächen können im Glauben an die Barmherzigkeit unseres Vaters verwandelt werden.

Seit Anbeginn der Abspaltung vom göttlichen Bewußtsein bis heute sind Fehler begangen worden. Fehler sind immer Entwicklungen, die außerhalb der göttlichen Harmonie stattfinden. Durch den Egoismus hat das Verstandesbewußtsein über das geistige Bewußtsein im Menschen Macht gewonnen. Diese negative Macht bewirkte, daß der Mensch die außersinnliche Wahrnehmung verlor. Dadurch wiederum erschwerte er sich den Zugang zu seinen höheren Bewußtsein. Doch der in jedem Menschen vorhandene Funke Gottes war und ist immer die Antriebskraft für die Entwicklung zum Guten, die Hoffnung auf ein Leben in der göttlichen Harmonie. Ihr dürft nicht vergessen, daß die Kehrseite alles Negativen positiv ist. Die gigantischen Entwicklungen in der Technik, in der Medizin, in den Wissenschaften überhaupt gehören, soweit sie nicht mißbraucht werden, zum positiven Aspekt. Alle Entwicklungen führen euch schließlich in eure Mitte zurück, und die Menschen des Neuen Zeitalters werden diese Mitte für jeden sichtbar darstellen. Die seelisch-geistigen und die technischen Fortschritte können dann parallel stattfinden.

Natürlich müssen die Fehlhandlungen so lange abgegolten werden, bis alle disharmonischen Schwingungen umgewandelt, alles Sein und Geschehen wieder mit dem göttlichen Bewußtsein in Harmonie gebracht sind. Das Böse, das in früheren Inkarnationen begangen wurde, kommt in irgendeinem späteren Leben wieder auf den Täter zurück. Das ist das Gesetz des Karma, das kosmische Gesetz der Gerechtigkeit. Alles Böse tut ihr eigentlich nur euch selbst an, alles Übel wendet sich gegen seinen Urheber. Es kehrt nicht immer als gleiches Übel zu ihm zurück. In welcher Form es sich im nächsten oder in weiteren Leben manifestieren und auswirken wird, hängt von der Entwicklung auf der

Erde ab, die zwischen dieser und der anderen Inkarnation liegt. Aber ausweichen kann der Mensch nicht. Die Früchte, die er gesät hat, muß er selbst ernten, sofern er den schlechten Samen nicht durch Erkenntnis, durch Reue, Gebet und Sühne umgewandelt und aufgelöst hat.

Nicht nur jede Tat, sondern auch alle Gedanken, gleichgültig ob man sie ausspricht oder nicht, sind der Polarität unterworfen. Keineswegs bringen gute Handlungen immer nur positive Wirkungen hervor. Die Reinheit der Empfindung, die Erwartungshaltung, der Grad der selbstlosen Liebe bestimmen nach dem geistigen Gesetz die Lichtqualität eines Gedankens oder einer Handlung. Entscheidend ist immer, aus welchem Bewußtsein heraus eine Handlung vollzogen wird. Gute Taten, die noch mit Erwartungen verknüpft werden, sind mit schlechtem Licht vergleichbar. Sie stellen nichts anderes dar als erste Gehversuche mittelmäßig entwickelter Bewußtsein auf dem Weg zur Erkenntnis der selbstlosen Liebe.

Gut und Böse erzeugen auf dem Planeten Erde entweder Freude oder Leid. Im Kosmos bestehen die Wirkungen der menschlichen Handlungen in Schwingungszuständen, in denen sich unterschiedlich entwickelte Bewußtsein weiterentwickeln. Aus dem geistigen Willen vollzogene Handlungen, reine Taten also, bewirken langwellige Schwingungen, die in schon gut entwickelten Bewußtsein Licht erzeugen. Egoistische Handlungen, die aus dem verstandesmäßigen Willen erwachsen, verursachen kurzwellige Schwingungen, die in weniger gut entwickelten Bewußtsein Trübungen hervorrufen. Von den Handlungen eines Menschen werden die ihm zugehörigen, aber auch ihm fremde außerirdische Bewußtsein betroffen.

Reinen Herzens ausgeführte gute Taten sind auch Lichtwellen, die in gewissen Dimensionen der Astralsphäre Farben erzeugen. Diese wiederum wirken sich positiv aus auf alle in diesen Ebenen sich entwickelnden Bewußtsein, stärken ihren Opferwillen und ihr Verlangen, sich in der Nächstenliebe zu üben. Hingegen laden willentlich ausgeführte böse Taten viele niedrig entwickelte Bewußtsein energetisch auf. Geradezu heißhungrig warten sie auf die Entstehung disharmonischer Schwingungen, da sie sich beim Stand ihrer Entwicklung nur in ihnen wohlfühlen. Negative Handlungen können in den dunkleren Sphären auch Bewußtseinsspaltungen bewirken, so daß die niedrig entwickelten Bewußtsein sich vermehren. Dieser Vorgang ist einer unkontrollierten Zellteilung im menschlichen Organismus sehr ähnlich.

Da die heutige Menschheit noch nicht gelernt hat, mit ihren feinstofflichen Kräften umzugehen, sind die Schwingungen des Bösen viel stärker in ihrer Aufladung als diejenigen des Guten. Aus diesem Grunde haben feinstoffliche Wesenheiten mit höchst entwickeltem Bewußtsein aus der Erdgürtelzone und gewissen Ebenen der Astraldimension, aber auch aus anderen Planeten, es sich zur Aufgabe gemacht, Schwingungen böser Gedanken und Taten von Menschen und Wesen an sich zu ziehen, auszugleichen und zu harmonisieren. Sie haben freiwillig entschieden, sich auf diese Weise weiterzuentwickeln und zu läutern. Sie nehmen bewußt die disharmonischen Schwingungen auf, obwohl sie dadurch schreckliche Seelenqualen leiden, denn ihr Schwingungsfeld ist ein ganz anderes, viel reineres. Sie opfern ihre Schmerzen auf und sind ständig durch Gebete mit Gott verbunden. Im weitesten Sinne kann man diese hochentwickelten Bewußtsein als Nachfolger von Jesus Christus bezeichnen. Denn sie helfen den Menschen, die Böses getan haben, sich des dadurch erzeugten Karmas zu entledigen, so wie Jesus Christus durch seinen Leidensweg und seinen Opfertod viele Auswirkungen böser Taten in positive Schwingungen umgewandelt hat und umwandelt.

Alles bewußt ausgeführte Böse, wie zum Beispiel Greuel- und Mordtaten, aber auch seelische Angriffe durch Haß oder Rachegefühle, sind für die Bewußtsein in den Dimensionen der Dunkelheit Macht, sind gewaltige negative Energien, von denen sie sich nähren. Deshalb suchen sie in den unteren Sphären der Astraldimension, auf außerirdischen Planeten, aber auch unter euch Menschen Bewußtsein, die das Böse verwirklichen. Die Auswirkungen des Bösen auf Menschen, aber auch auf feinstoffliche Wesenheiten sind immer seelische Notzustände, Leid und Schmerz. Diese Formen des Leids werden sich jedoch mit der veränderten Entwicklung im Neuen Zeitalter auflösen.

Es gibt unzählige Menschen, die schmerzlich darunter leiden, daß sie im Laufe ihres Lebens Gefangene von immer sich wiederholenden bösen Gedanken sind, denen meistens, obwohl sie es nicht wollen, schlechte Handlungen folgen. Viel intensiver als der Durchschnittsmensch erkennen sie andererseits ihr Gutsein, das jedoch wie eingekerkert in ihrem Inneren existiert. Es ist ihr inständiger Wunsch, das Gute zu leben, aber sie sind absolut unfähig dazu. Im Gegenteil, schlechte Handlungen zwingen sie zu immer neuem negativen Tun. Diese so bewußt zu erfahrende Polarität verursacht große körperliche und seelische Schmerzen, ja panikartige Ausbrüche.

In einem solchen Leben – und das wissen die wenigsten – verwirklichen sich gleichzeitig viele unterentwickelte, diesen Menschen zugehörige Bewußtsein, die das Gute nicht kennen und glauben, nur im Negativen voranzukommen. Sie haben sich nicht etwa eines fremden Körpers bemächtigt, es handelt sich nicht um Fälle von Besessenheit, nein, denn vor dem Eintritt in das irdische Leben gewährte ihnen ein hohes Seelenbewußtsein diese Weiterentwicklung. In den meisten Fällen sind solche Menschen vom gesellschaftlichen Standpunkt aus kaum zurechnungsfähig, da alle diese niedrigen Aspekte eines Teils ihres Ganzen sich ausleben wollen und müssen. Die innere Not, das Leiden solcher Menschen sind die Stufen, über welche diese Bewußtsein sich langsam auch der Kehrseite, dem Guten, zuwenden.

Bei diesen »schlechten« Menschen handelt es sich häufig um Bewußtsein, denen es gelungen ist, sich aus der untersten Astraldimension, jenem seelischen Schwingungszustand, den ihr die Hölle nennt, zu befreien. Sie wollen reumütig den Weg ins Licht antreten. Für sie sind Tausende von Jahren schlimmster seelischer Qual vorüber. Sie sind reif genug, sich in einem menschlichen Körper und durch menschliche Erfahrungen weiterzuentwickeln. Zwar sind sie zunächst unfähig, ihr inneres Programm entscheidend zu ändern, sie bleiben dem Bösen über mehrere Leben hinweg verhaftet. Ihre Bewußtseinsstruktur stiftet sie zu üblen Taten an. Aber sie machen auch Erfahrungen mit dem Guten, was sie vorerst noch schmerzt. Sie sind wie ungezähmte wilde Tiere, ständig auf der Suche nach Beute, weil sie nichts anderes kennen.

Es könnte der Gedanke aufkommen, daß diese Menschen im Grunde genommen unschuldige Opfer des Bösen sind. Dem ist natürlich nicht so, da jedes Bewußtsein für sich selbst die Verantwortung trägt. Auch im Urkern der am niedrigsten Entwickelten ist diese Wahrheit vorhanden. Das Leid, aus dem die zwischenmenschlichen Beziehungen solcher Bewußtsein meistens bestehen, ist am Anfang ihre einzige Chance zu lernen.

Viele Menschen tragen in sich den tiefen inneren Wunsch, gut zu sein. Bewußt streben sie Gutes an, tun auch viel Gutes. Trotzdem leiden sie gleichzeitig unter der Kehrseite dieses Guten, denn Gut und Böse gehören zusammen wie die beiden Seiten einer Medaille, wie Tag und Nacht, wie eben alle dualen Gegensätze, die der Polarität unterstehen. Hat beispielsweise jemand in einem früheren Leben mit Selbstsucht oder Haß seine Ziele verfolgt, bleiben diese Erinnerungen im Unterbewußtsein haften. Verbreitet er in einem nächsten Leben Liebe und Güte und hat er den Kanal zu seinen früheren negativen Taten im Erinnerungsunterbewußtsein noch nicht verschließen können, leidet er während einer gewissen Entwicklungsperiode unter heftigen

Zweifeln: »Bin ich jetzt wirklich gut? War nicht damals das haßerfüllte Leben von meinem Standpunkt aus auch gut?« Im Gebet und durch Meditationen werden nach gewisser Zeit die Fäden zu diesen Erinnerungen durchtrennt, und der Betroffene erkennt dann mit Freude sein Gutsein und akzeptiert es. Und damit hat er eine wichtige Prüfung bestanden. Wünscht man hin und wieder Einsicht in diesen Bereich vergangener Erfahrungen, erhält man sie in der Meditation. Solche bewußten Rückblicke sind dann immer ohne seelische Belastung und dienen lediglich der inneren Orientierung. Sie sind wie bewußt ausgeführte Reisen in das Land der Seele.

Man spricht von hochentwickelten Bewußtsein, wenn die Anteile der Unvollkommenheit nicht mehr zur Auswirkung gelangen, sondern nur noch wie feinste Schatten vorhanden sind, oder wenn die Gedanken mehrheitlich harmonische Schwingungen erzeugen. Die Polarität besteht dann nicht zwischen Gut und seiner Kehrseite, also dem, was ihr das Böse nennt, sondern zwischen Gut und Gut, das heißt zwischen dem noch nicht gänzlich Guten und dem Vollkommenen. Ein Mensch, der die grobe Polarität überwunden hat, erkennt in jeder Lebenssituation den Sinn des höheren geistigen Gesetzes und die sich für ihn daraus ergebenden Aufgaben. Seine Handlungen reiner Nächstenliebe sind Energieströme, die die Bewußtsein in den höheren Dimensionen und Sphären mit seinem Licht aufladen. Dieses Licht strahlt auf die Erde und auf andere Planeten zurück und trägt dazu bei, die Dunkelheit aufzulösen, die die Menschen und Wesen noch erfüllt.

Man kann die Wirkung dieses Lichtes mit der des Wassers vergleichen, das man in ein Glas mit einer Brausetablette gießt. Hunderte von Bläschen steigen auf; die kompakte Masse löst sich auf, wird zu einer unsichtbaren Substanz. Die harmonischen Schwingungen guter Taten durchströmen als feinste Lichtpartikel den Kosmos und reinigen alles, was in ihm lebt.

Die Menschen des Neuen Zeitalters erkennen diese Vorgänge, die euch noch recht theoretisch dünken. Sie wissen mit den Kräften ihrer Astral- und Mentalbewußtsein umzugehen, und die Grenzen des Verstandes erscheinen ihnen wie durchsichtige Mauern. Mit ihren freigelegten Fähigkeiten der außersinnlichen Wahrnehmung überwinden sie mühelos die Schranken der Zeit. Viele von euch werden Menschen dieses neuen Äons sein.

Ich danke diesem Instrument, dem die Kundgabe über den gewählten und noch erst auszubildenden Kanal große Mühe bereitet hat. Gott, vermehre unsere Liebe, unsere Toleranz! Gott zum Gruß!

Das Halschakra

*An einem der Tage auf der Alm stieg wieder die Angst in mir auf,
der Leser könnte die vielen neuen Informationen ablehnen, und ich
war nahe daran, alles Geschriebene zu vernichten. Ich betete stunden-
lang. Als ich mich versenkte, erlebte ich die Begegnung mit der
feinstofflichen Welt besonders intensiv und beglückend. Es war wie
ein geistiger Blumenstrauß meiner Helfer.*
*Im allgemeinen verlor ich im versenkten Zustand jedes Körpergefühl.
Doch dieses Mal war es anders. Wohl empfand ich das Hinübergleiten
ten in ein anderes Bewußtsein, doch nahm ich in meinem Körper eine
Energie wie ein fließendes Rinnsal wahr. Eine angenehme Wärme
durchströmte mich, und eine tiefe Ruhe breitete sich in meinem Innern
aus. In dieser Meditation liefen keine Bilder vor meinem geistigen
Auge ab, ich vernahm nur die Stimme meines Helfers.*

Das Halschakra, das auch als Kehlkopf- oder Kommunikations-
zentrum bezeichnet wird, zählt sechzehn Speichen. Die sechzehn
Blütenblätter leuchten im Wechsel stahlblau und hellviolett.
Gelbe und weißviolette Farben strömen wie sanfte Wellen kreisförmig durch die Blüte. Der Wirbel ist nachtblau, und sein glän-
zender Mittelpunkt leuchtet dunkelviolett.

So wie sich der Mensch seines Astralkörpers bewußt wird,
sobald sein Herzzentrum aktiviert ist, bewirkt die Entfaltung des
Halszentrums, daß er die Funktionen seines Mentalkörpers zu
begreifen beginnt. Er nimmt die eigenen inneren Welten und die
feinstofflichen Dimensionen als Realität wahr. Er lernt, auch im

Wachbewußtsein, wo immer er geht und steht, mit den astralen Wesenheiten, seinen geistigen Freunden, zu kommunizieren. Er sieht sie mit seinen physischen Augen und hört ihre Stimme mit seinen Ohren. Der Respekt dieser liebevollen Freunde gegenüber dem Menschen ist so groß, daß sie sich niemals in irgend etwas einmischen würden, ohne angesprochen zu sein. Für die Menschen des Neuen Zeitalters wird diese Kommunikation eine Selbstverständlichkeit sein, und viele Kinder von heute haben die Fähigkeit schon in ihrem inneren Programm.

Die Lautstärke und der Klang der Stimme werden nicht nur von den Stimmbändern, sondern auch vom Halschakra beeinflußt. Die Art, wie Menschen sich ausdrücken und wie sie miteinander kommunizieren, hängt ebenfalls von der Entwicklung des Halszentrums ab. Je weiter dieses Chakra entwickelt ist, um so mehr Wärme und Klang liegen in der Stimme, und um so leiser wird sie. Die Erweckung dieses Zentrums befreit von menschlichen Ängsten und verleiht Furchtlosigkeit und absolutes Vertrauen in die persönliche höhere Führung. Unsicherheit den Mitmenschen gegenüber schwindet. Die Tugend der Verschwiegenheit zeichnet den Menschen aus, der sein Kehlkopfzentrum entwickelt hat.

Dieses geistige Zentrum ist auch das feinstoffliche Organ, in dem Schocks von außen und andere unangenehme äußere Einwirkungen schwingungsmäßig verarbeitet werden. Wenn die Energieströme in diesem Bereich blockiert sind, schnürt es uns die Kehle zusammen, und Krampfzustände im Hals können gar das Sprechen behindern. Eine Blockierung dieses Chakras bewirkt nicht nur Kommunikationsschwierigkeiten, sondern verhindert auch eine klare Selbstdarstellung. Das Stottern beruht immer auf einem verkrampften Halschakra, auch wenn seine Ursache nicht ausschließlich in diesem Zentrum zu suchen ist. Viele Beschwerden in der Halswirbelsäule und im Schultergürtel sind darauf zurückzuführen. Die Schwingungen im Halszentrum wirken sich auch auf den Gesichtsausdruck und die Mimik aus. Strahlende Augen und harmonische Gesichtszüge sind sicherlich den Einwirkungen höherer Bewußtsein, aber auch einer guten Funktion des Halschakras zuzuschreiben.

Auch beim Kehlkopfzentrum mündet der Blumenstiel in der Wirbelsäule, trägt jedoch an seinem anderen Ende, nämlich im Genick, eine zweite Blüte. Dieses Nebenzentrum weist acht Speichen auf und ist in seinen Farben eine Nuance heller als das Halszentrum. Es ist auch kleiner und hängt in seiner Funktion vom Halszentrum ab. Das Hals- und das Genickchakra, die also beide miteinander verbunden sind, bilden den Abschluß eines gewissen feinstofflichen Kreislaufsystems, denn Stirn- und Scheitelzentrum sind nicht mehr in der Wirbelsäule verankert.

Für die meisten Menschen stellt das Genickzentrum die Ausgangspforte dar, wenn der Astralleib den physischen Körper verläßt. Hier vollzieht sich ein sanfter, problemloser Austritt, und die Rückkehr des Astralleibs wird körperlich weniger stark, zudem ohne Fallgefühl, erlebt. Bewußt herbeigeführte Astralaustritte erfolgen immer über das Genickzentrum, im Gegensatz zu den unbewußten Austritten im Schlaf, die häufig über das Herzzentrum geschehen. Auch bei kranken Menschen erfolgt der nächtliche Austritt meistens über das Genickzentrum, weil dann der körperliche Energie- und Wärmeverlust geringer ist. Treten wir einst über die Schwelle der Erde, ist es eine große Hilfe, wenn wir uns wünschen und vorstellen, daß unser geistiges Wesen den Körper für immer losläßt und wir über das Genickzentrum austreten. So blickt man dem nächsten Leben bewußt entgegen und verringert die Todesqualen. Die Silberschnur, das Bindeglied zwischen den physischen und den feinstofflichen Körpern, löst sich dann mit Leichtigkeit.

Die außerirdischen Hilfen

Als ich eines Nachmittags wieder das Tonbandgerät eingeschaltet hatte und nach innen gehen wollte, wehrte sich mein Körper gegen das Empfinden, ins Bodenlose zu fallen. Ich litt unter Gleichgewichtsstörungen und hatte große Mühe, meine Gedanken loszulassen. Meine Hände zitterten. Ich sprach mir Ruhe und Geduld zu, und langsam kam mein Atem in einen gleichmäßigen Rhythmus. Plötzlich hatte ich den Eindruck, die Grenzen meines Körpers dehnten sich unendlich weit aus. Obwohl dadurch mein Atem schneller ging, blieb ich gelassen. Mein Astralleib begann, sich zu lockern. Langsam löste er sich vom physischen Körper. Ich werde dieses befreiende Gefühl wohl nie wirklich in Worte fassen können. So muß sich ein Fisch fühlen, wenn er von der Angel freikommt und in sein Element zurückgelangt.

Als ich das Wesen erkannte, das von meinem Körper Besitz ergreifen wollte, waren meine letzten Verstandesgedanken: »Auch du, Sitael, bist also an diesem Buch beteiligt, das mir so zu schaffen macht! Natürlich freue ich mich, wenn du den Menschen über meine Sprechorgane Hilfe und Trost spendest. Ich überlasse dir meinen Körper, danke dir und verabschiede mich. Gott zum Gruß, Sitael!«

Lächelnd blickte ich auf meinen im Stuhl sitzenden Körper. Selten sah ich ihn so strahlend. Er versank in die Bewußtlosigkeit. Während ich in Begleitung meines Helfers zu einer Astralreise aufbrach und neuen Erlebnissen in anderen Dimensionen entgegensah, nahm in meiner kleinen irdischen Behausung das Tonband den folgenden Text auf.

Setzt man die Schwingungen, aus denen ich bestehe, in ein Wort um, ergibt dies den Namen Sitael. Von insgesamt zweiundsiebzig bin ich der dritte Genius der Merkurzone. Wir haben nicht oft Gelegenheit, über Medien zu den Erdenbewohnern zu sprechen. Deshalb danke ich diesem Instrument in besonderer Weise. Zwar habe ich mit vielen Menschen Kontakt, wenn die Bewußtsein ihrer Mentalkörper auf nächtlicher Wanderung sind. Dann empfange ich sie alle mit Liebe, führe sie durch die verschiedenen Dimensionen, erkläre ihnen die bevorstehenden Entwicklungen und lasse sie teilhaben an hohen geistigen Lehren. Dies ist euch nicht bewußt, denn bei der Rückkehr in den physischen Körper bleiben die nächtlichen Erlebnisse dem Verstand meistens noch verschlossen. Doch ist die Stunde nicht mehr fern, in der das nächtlich erworbene Wissen als geistiges Licht auch das Tagesbewußtsein erhellen wird.

Wenn die große Zeitenwende anbricht, geschehen Zeichen am Himmel und auf der Erde, wie es in eurer Bibel geschrieben steht.[1] Die Kräfte der vier Elemente Wasser, Feuer, Luft und Erde erschüttern eure Welt, und bis euch außerirdische Hilfe zuteil wird, durchdringt Schreien und Wehklagen euren Planeten. Bei Matthäus[1] heißt es, das Zeichen des Menschensohnes werde am Himmel erscheinen. Ihr erkennt die Wahrheit dieser Worte, wenn ihr rund um den Erdball Legionen von Flugobjekten in der Formation großer Kreuze am Firmament erblickt. Wenn der Herr euch durch all diese Geschehnisse mahnt, geratet nicht in Panik. Erhebt vielmehr eure Augen und erinnert euch, daß eure Erlösung naht. Schlagt das Zeichen des Kreuzes. Bleibt dort, wo ihr gerade seid. Wir kommen euch zu Hilfe. Lest die Bibelworte, die all dies ankündigen, und wundert euch nicht, wenn selbst die Religionen sie mißverstehen.

Wenn die Wirren beginnen, obliegt mir und den mir zugeord-

---

[1] Die einschlägigen Bibelstellen sind am Schluß dieses Kapitels zitiert.

neten Wesen aus der Merkurzone die Aufgabe, viele Menschen in einen schmerzlosen Zustand, in eine Art hypnotischen Schlaf zu versetzen. Ich spreche von jenen Bewohnern eures Planeten, die ihren Körper verlassen, also nach eurem Sprachgebrauch sterben, und als geistige Wesen von uns in andere Dimensionen geleitet werden. Für sie ist eine Rückkehr auf die Erde nicht vorgesehen. Vielmehr setzen sie ihren Reifungs- und Läuterungsweg in den Dimensionen anderer Planeten fort und entwickeln sich auch dadurch weiter, daß sie als feinstoffliche Helfer den Menschen des Neuen Zeitalters beistehen. Obwohl bei der großen Reinigung der Erde unzählige Menschen ihre physische Form aufgeben, werden Panik, Aufruhr und Verzweiflung gedämpft, denn wir hüllen diese Menschen energetisch ein, so daß Ruhe in sie einkehrt. Wir sind Diener Gottes und erfüllen unsere Aufgabe, wie es geschrieben steht. Dankt nicht uns für die Hilfen, dankt dem barmherzigen Gott, ihm allein.

Bei der anderen Gruppe von Menschen, die mit ihren physischen Körpern von außerirdischen Wesen in einer Bergungsaktion gerettet werden,[1] handelt es sich um jene unter euch, die sich den Zeichen des Neuen Zeitalters nicht verschlossen haben und schon jetzt innerlich bereit sind, ohne jede Angst in eines unserer vielen Flugobjekte einzusteigen, die sie zu den riesigen Mutterschiffen befördern. Durch ihre Arbeit an sich selbst, durch ihre Bewußtseinsentwicklung haben diese Menschen sich einen bestimmten Schwingungsgrad erarbeitet und können mit der Hilfe der Sternengeschwister an die hohe Vibration angepaßt werden, die auf den Raumschiffen herrscht. Dort erfahren sie eine energetische Transformation und Regeneration, eine Reinigung und Durchlichtung. Die feinstofflichen Körper trennen sich für einige Zeit von den physischen Körpern, die in besonderer Weise präpariert und erhalten werden. Der Tag ist

[1] Matthäus 24,31

vorbestimmt, an dem diese Menschen wieder als feinstoffliche und materielle Einheit von Geist, Seele und Körper die Rückkehr zur Erde antreten.

Während des Aufenthaltes in den Raumschiffen werden sie durch ein umfassendes Lehrprogramm auf die kommenden irdischen Aufgaben vorbereitet. Zum Beispiel vermittelt Hanael, der zehnte Urgenius der Jupitersphäre, die Lehren des karmischen Urprinzips, die Gesetze der Weltordnung, der Planeten und Sphären. Jophaniel, der dem zwölften Urgenius der Jupitersphäre untersteht, erklärt den vorübergehend Evakuierten das Neue Zeitalter und die Gesetze des Urprinzips der Evolution in der Materie, im Astral- und Mentalbereich. Zur Erde zurückgekehrt, werden sie dieses Wissen verbreiten, und man wird auf sie hören. Von dem großen, vielfältigen Geschehen während der Wochen in den Mutterschiffen, von den zahlreichen Hilfen, die Teil des kosmischen Planes sind, soll mehr an dieser Stelle nicht gesagt werden. Die durch dieses Instrument bereits vermittelten Informationen sind Neuigkeit und Last genug.

Eine dritte, kleinere, aber über den ganzen Erdball verteilte Gruppe von Menschen, die sich weigert, Hilfe anzunehmen, bleibt auf der Erde zurück. Der freie Wille dieser Menschen ist ausschlaggebend und wird respektiert. Etwa die Hälfte von ihnen überlebt die Umpolung und Säuberung des Planeten Erde körperlich nicht. Wenn sie nach tagelangem Leiden endlich ihre Hülle loslassen können, finden sie sich in der dritten Astraldimension wieder. Die Überlebenden dieser Gruppe werden, sobald die Nacht über die Erde hereinbricht, ebenfalls für einige Stunden in hypnotischen Schlaf versetzt. Außerirdische Wesenheiten sammeln diese über den Planeten verstreuten Menschen ein und führen sie alle an einen sicheren Ort auf eurer Erde. Während des Tiefschlafs werden die energetischen Körpergesetze so transformiert, daß sie den neuen Lebensbedingungen, wie zum Beispiel der anderen Temperatur und der stärkeren kosmischen Einstrahlung, standhalten können. Unabhängig von ihrem tatsächlichen Lebensalter sehen sie, wenn sie aus der Hypnose erwachen, wie Greise aus, ja im Vergleich zu den zeitweilig evakuierten Menschen des Neuen Zeitalters sind sie in ihrer äußeren Erscheinungsform wie die früheren Höhlenbewohner. Sie sind Gefangene ihres Verstandes geblieben und werden von den Auswirkungen ihres Egoismus gepeinigt. Ihr früheres, nur auf Macht und Besitz ausgerichtetes Leben ist aus ihrem Gedächtnis gelöscht, und im wahrsten Sinne des Wortes muß man sie als die Primaten der Erde bezeichnen. Die meisten von ihnen rotten sich zusammen, aber ohne die Erinnerung an ihre Existenz vor den Wirren sind sie von Furcht gepeinigt und greifen ihresgleichen an, um sich zu schützen.

Wenn der Donner des kosmischen Gewitters verhallt und der ganze Planet aus der Todesstarre erwacht, dringt von der Erde ein tiefer Seufzer durch die Dimensionen, und eine dumpfe Stille folgt ihm nach. Doch dann bricht Licht sich Bahn, vertreibt die Dunkelheit, die den geschändeten Planeten, eure Erde, so lange Zeit umfing. Die gereinigte Natur schöpft wieder Atem und wird von harmonisierenden Schwingungen feinstofflicher Lichtwesen durchströmt. Die evakuierten Menschen werden von ihren galaktischen Rettern zur Erde zurückgebracht. Die Greise der Erde aber erkennen weder sich selbst noch die Zurückgekehrten, ja nicht einmal mehr den eigenen Planeten. Die Menschen des Neuen Zeitalters und ihre vom Geist durchstrahlten Körper wirken auf sie wie blendende Sonnen. Einige von den Greisen ziehen sich in die Einsamkeit zurück und verbringen ihr restliches Leben damit, die Geschehnisse während der Umwandlung der Erde niederzuschreiben und sie so für sich selbst zu verarbeiten.

Eine andere Gruppe versucht, dem neuen Menschen nachzueifern. Gelangen sie in seine Nähe, stellen sie fest, daß sie sich vor allem im Gesicht und an den Armen und Händen eine Art leichter Brandwunden zuziehen. Solche und andere für sie sichtbaren Zeugnisse der Auswirkungen geistiger Kräfte lassen sie Reue, aber auch Mut und Hoffnung empfinden. Sie bitten um Hilfe und nehmen auch dankbar eine Umschulung an.

Wiederum andere reisen zu Fuß von Ort zu Ort. Meistens dauert es sehr lange, bis sie lernfähig geworden sind, und ihr Leiden ist für den Menschen von heute unvorstellbar. Sie können ihrem Leben kein Ende setzen, da die Kräfte der Menschen des Neuen Zeitalters dies verhindern. Eine Fortpflanzung zwischen ihnen ist nicht möglich. Deshalb werden sie im Laufe einer gewissen Zeit ausgestorben sein. Verlassen sie ihre Körper, ohne einsichtig geworden zu sein, setzen sie ihre Entwicklung in der zweiten Astraldimension fort.

Für die Erde und die in den Raumschiffen geschulten und zurückgekehrten Menschen jedoch nimmt ein neues Weltzeitalter von 26 500 Jahren mit dem tausendjährigen Reich des Christusbewußtseins seinen verheißungsvollen Anfang. Wir, die wir des Menschen Freunde sind, bleiben nicht mehr unerkannt. Gemeinsam und mit bewußt vereinten Kräften streben wir dem Ziel aller Ziele zu: der völligen Verschmelzung mit der Liebe Gottes.

Soaso, eine der vielen Intelligenzen der Venussphäre, führt die Menschen des Neuen Zeitalters in die Harmoniegesetze des Pflanzen- und des Tierreichs ein, denn hier gibt es viel gutzumachen. Auch der Genius Amser aus der Sonnensphäre steht dem Erdplaneten hilfreich bei. Da er Mitverantwortung für das Plus- und Minusprinzip trägt, deutlicher ausgedrückt: für die Elektrizität und den Magnetismus, wird er große Dienste leisten bei der Belebung der Materie. Und neue Hoffnung bringt auch Dabnetz, der achtzehnte Urgenius aus der Sonnensphäre, der die Menschen in der Erkenntnis und der Übung göttlicher Tugenden unterweist.

Das Neue Zeitalter kennt keine unterschiedlichen Religionen mehr, die jeweils für sich in Anspruch nehmen, allein über die

Wahrheit zu verfügen, und die entzweien statt vereinen. Es gibt keine heiligen Kriege mehr. Und es wird niemand mehr Gott vermarkten oder in anderer Weise Mißbrauch mit seinem Namen treiben. Die dogmatischen Verirrungen, die vielen Verbrechen im Namen der Religion sind dann aus dem Gedächtnis der Menschen ausgelöscht, und die vielen Glaubensrichtungen, die nichts als Wege waren zu dem einen Ziel, münden in einer Weltreligion. Glauben wird zu Wissen.

Die Kraft der Liebe Gottes erfaßt alle Menschen, so daß die Sehnsucht nach geistiger Vervollkommnung der Motor ihres Lebens ist. Die materiellen Güter können niemanden mehr blenden, und selbst jene, die noch einmal straucheln, verlieren das Ziel nicht aus den Augen, denn unauslöschlich brennt in ihrem Innern die Gottessehnsucht.

Mancher Leser mag mit Bedauern denken, er selbst erlebe diese neue Zeit nicht mehr. Gewiß wird nur ein kleiner Teil der heutigen Weltbevölkerung den Umwandlungsprozeß der Erde physisch überstehen. Doch haltet euch vor Augen, daß ihr nicht euer Körper seid! Ob im grob- oder feinstofflichen Gewand, ihr lebt! Und ihr sollt wissen: Die neue kosmische Entwicklung beflügelt jegliches Bewußtsein, gleichviel in welcher Form es sich befindet. Die Zeitenwende betrifft nicht nur verkörperte Menschen, sondern alle Wesen. Ihr habt nicht weniger teil am neuen Gnadenstrom, wenn ihr der physischen Fesseln ledig seid.

Auch ist es euch ein Leichtes, Kontakt zur Erde herzustellen. Die dort noch lebenden Verwandten und Bekannten sind nach dem Bewußtseinssprung wie selbstverständlich in der Lage, euch außersinnlich wahrzunehmen und auch von sich aus geistige Verbindung mit euch anzubahnen. Also muß menschliche Einsamkeit, wie ihr sie heute noch kennt, euch weder im feinstofflichen Bereich noch auf dem Erdenplan bedrücken.

Die kommende Entwicklung bietet für jeden Menschen Grund zur Hoffnung und zur Freude. Seid voller Vertrauen, voller Zuversicht, denn alles geschieht nach göttlichem Plan. Überlaßt euch nicht der Angst, denn sie allein ist ungut. Wenn ihr am Himmel die Legionen unserer Flugobjekte seht und sie euch fremd erscheinen, macht euch bewußt, daß wir in Liebe kommen und daß ihr frei seid, unsere Hilfe anzunehmen oder nicht. Zwar zieht ein gewaltiger Trennungsschmerz rund um den Erdball, wenn in den Wirren des Umbruchs Millionen ihre Körper verlassen oder zu unseren Raumschiffen angehoben werden, doch bewirkt unsere hypnotische Behandlung, daß der Abschied in allen Fällen erträglich für euch sein wird.

Meine Botschaft kündigt einen ungeahnten Einschnitt in eure menschliche Geschichte an, ein Ende und einen Neubeginn. Nie geschah Gleiches in eurer Welt. Wenn Zweifel einen Leser beschleichen, so verurteilen wir ihn deshalb nicht. Entspricht die Skepsis dem Stand seines Bewußtseins, ist sie für ihn die richtige Reaktion, so wie es richtig ist, daß jene anderen, die frei von Zweifeln sind, ja sagen zu den Informationen und sich bereiten für das Kommende. Doch nicht an den Verstand allein richten sich meine Worte. Ihre Schwingungen erreichen die höherentwickelten Bewußtsein jedes Lesers, bleiben in ihnen aufbewahrt. Damit ist für heute der Auftrag dieses Instruments erfüllt und ebenso der meine. Noch vielfach werden in diesen letzten Tagen der alten Welt ähnliche Botschaften zu euch dringen, wie schon der Prophet Joel verhieß.[1] Sie alle sprechen von dem großen

---

[1] »Und es soll geschehen in den letzten Tagen, spricht Gott, da will ich ausgießen von meinem Geist auf alle Menschen; und eure Söhne und eure Töchter sollen weissagen, und eure jungen Männer sollen Gesichte sehen, und eure Alten sollen Träume haben; und auf meine Knechte und auf meine Mägde will ich in jenen Tagen von meinem Geist ausgießen, und sie sollen weissagen. Und ich will Wunder tun oben am Himmel und Zeichen unten auf Erden, Blut und Feuer und Rauch; die Sonne soll in Finsternis und der Mond in Blut umgewandelt werden, ehe der große Tag der Offenbarung des Herrn kommt. Und es soll geschehen: wer den Namen des Herrn anruft, der soll gerettet werden.« (Vgl. Joel 3,1-5 und Apostelgeschichte 2,17)

Einschnitt, der bevorsteht. Doch wißt ihr nun, daß eure Erde nicht zugrunde geht, sondern einen gewaltigen Entwicklungsschritt vollzieht, in den ihr einbezogen seid. Er wird euch tief verändern und in die beseligende Gewißheit führen, daß ihr geistige Wesen seid.

Der Astralkörper meines Instruments ist nun in Begleitung des Torhüters zurückgekehrt. Damit er sich wieder mit dem physischen Körper vereinen kann, gebe ich ihn frei und entferne mich schwingungsmäßig aus ihm. Ich bedanke mich bei diesem Instrument und sende eurer Welt Liebe und Frieden. Gott zum Gruß!

Langsam erwachte ich in meinem Tagesbewußtsein. Als ich in meinen Körper zurückkam, durchzog ihn ein kalter Schauer. Er war müde. Nach gründlichem Schließen der Chakras ging es mir schnell wieder gut. Ich war erleichtert zu sehen, daß die Bandaufnahme funktioniert hatte und hörte mit großer Spannung das Diktat.

Bibelzitate

Matthäus 24,29-39

Sogleich aber nach der Bedrängnis dieser Zeit wird die Sonne sich verfinstern und der Mond seinen Schein verlieren, und die Sterne werden vom Himmel fallen, und die Kräfte der Himmel werden ins Wanken kommen.

Und dann wird das Zeichen des Menschensohns am Himmel erscheinen. Und dann werden alle Geschlechter auf Erden wehklagen und werden den Menschensohn auf den Wolken des Himmels kommen sehen mit großer Kraft und Herrlichkeit.

Und er wird seine Engel aussenden mit lautem Posaunenschall, und sie werden seine Auserwählten aus den vier Windrichtungen sammeln, von einem Ende des Himmels bis zum anderen.

Aus dem Feigenbaum lernt dies Gleichnis: wenn seine Zweige jetzt saftig werden und Blätter treiben, so wißt ihr, daß der Sommer nahe ist.

Ebenso auch, wenn ihr das alles seht, so wißt, daß er nahe vor der Tür ist.

Wahrlich, ich sage euch: Dies Geschlecht wird nicht vergehen, bis dies alles geschieht.

Himmel und Erde werden vergehen; aber meine Worte werden niemals vergehen.

Von dem Tage aber und von der Stunde weiß niemand, auch die Engel im Himmel nicht, auch der Sohn nicht, sondern allein der Vater.

Denn wie es in den Tagen Noahs war, so wird es auch beim Kommen des Menschensohns sein.

Denn wie es in den Tagen vor der Sintflut war – sie aßen, sie tranken, sie heirateten und ließen sich heiraten bis zu dem Tag, an dem Noah in die Arche hineinging;

und sie merkten nichts, bis die Sintflut kam und alle dahinraffte –, so wird es auch beim Kommen des Menschensohns sein.

Lukas 21,25-28

Es werden Zeichen an Sonne, Mond und Sternen geschehen, und auf Erden werden die Völker voll Angst und Schrecken sein, denn das Meer wird donnern und toben,

und die Menschen werden vergehen vor Furcht in der Erwartung der Dinge, die über die ganze Erde kommen sollen; denn die Kräfte der Himmel werden ins Wanken kommen.

Und dann werden sie den Menschensohn in einer Wolke kommen sehen mit großer Kraft und Herrlichkeit.

Wenn aber das alles zu geschehen anfängt, dann seht auf und erhebt eure Häupter, weil sich eure Erlösung naht.

Weitere Zitate: Markus 13,24-37; Offenbarung 6,12-17; II. Petrus 3,8-13.

Das geistige Auge

Es war ein Uhr morgens. Blitze erhellten die Nacht. Schon seit zwei Stunden ging ein Gewitterregen nieder. Ein gigantisches Schauspiel! Ich erlebte es als ein Bild dessen, was sich in unserem Körper vollzieht, wenn niedere Triebe sich entladen und Haßgefühle in uns ausbrechen. Immer wenn wir negativen Gedanken oder Ängsten Raum geben, überschwemmen heftige Energieströme unsere feinstofflichen und physischen Organe, den Wassermassen vergleichbar, die nach einem Platzregen die Staubecken überfluten und Schaden anrichten. Geschieht dies häufig, entstehen Energieblockaden, und nach einer gewissen Zeit meldet sich der Körper mit Schmerzen oder Krankheit. Das Unwetter zog weiter. Ich fühlte mich müde und schlief ein. Was ich dann erlebte, prägte sich mir wieder so tief ein, daß ich es mühelos am nächsten Morgen zu Papier bringen konnte.

Aus weiter Ferne dringt Musik an mein Ohr. Ich weiß, daß ich mit meinem Helfer auf dem Wege in eine andere Dimension bin. Den Austritt aus meinem Körper habe ich diesmal gar nicht bemerkt. Unterwegs wollen hellgraue Wesen sich an mich ketten. Ich fürchte mich nicht, und mein Helfer weist sie zurück. Geblendet von seiner lichten Ausstrahlung wenden sie sich ab. Ich verspreche, für sie zu beten und ihnen täglich Licht- und Liebesgedanken zuzusenden.

Plötzlich sind wir an einem Ort, wo strahlendes Licht uns umfängt. Ich kann zunächst keine Formen erkennen. Dann erscheint ein etwa zwei Meter hohes Wesen. Als es stehenbleibt, bildet sich eine leuchtende Treppe, auf der fünf Lichtwesen in Kindergestalt Platz nehmen. Der feinstoffliche Lehrer trägt ein rosaweißes, langwallendes Gewand. Das ganze Gesicht leuchtet. Auffallend schön strahlen seine Augen. Anfänglich bereitet es mir große Mühe, seinem durchdringenden Blick standzuhalten. Immer wenn ich ausweiche und meinen Kopf senke, wird er wie durch magnetische Kräfte wieder hochgehoben. Seine Augen ziehen mich in ihren Bann, und doch dauert es eine Weile, bis ich mich an sie gewöhnen kann. Dann umfangen mich Wärme und Geborgenheit, und ich werde ruhiger. Plötzlich habe ich den Eindruck, im Blick dieses Lehrers wie in einem See zu versinken. Unbeweglich sitze ich da, unfähig zu denken, aber ich fühle mich glücklich.

Sodann kommt ein Helfer hinzu, der etwa dreißig Gestalten mitbringt, die wie ich im Astralleib den schlafenden Körper verlassen haben. Obwohl wir frei im Raum zu schweben scheinen, setzen wir uns und bilden ein Dreieck. Der Lehrer, immer noch auf der Treppe stehend, beginnt, über das Stirnchakra zu sprechen, und sofort erscheinen auf einer Leinwand die entsprechenden Bilder.

Oberhalb der Nasenwurzel, zwischen den Augenbrauen, liegt das sechste geistige Zentrum, das Stirnchakra. Man nennt es auch das geistige oder das dritte Auge. Die linke Hälfte dieses Chakras leuchtet in einem sanften Lila. Es ist, als würde ein bläuliches Licht darauffallen. Die rechte Seite strahlt in Rosa, und durch diese Grundfarbe schimmert ein strahlendes Gelb, wie wenn eine Taschenlampe hinter einem farbigen, durchsichtigen Blatt leuchtet. Die Gelbtöne verteilen sich auf dem Rosa wie kleine Flecken. Auf der linken Blumenseite sind sie seltener und schwächer in ihrer Leuchtkraft. Über die ganze Blüte verteilt finden sich kleine weiße Farbspritzer. Alle diese Farben verändern sich mit jeder weiteren Bewußtseinsentwicklung, bis sie schließlich in wunderbaren blauvioletten Tönungen erstrahlen.

Jede Chakrahälfte hat achtundvierzig feine, zarte Blätter, das geistige Auge insgesamt also sechsundneunzig. Die überraschend hohe Zahl der Blätter, die sich beim Scheitelzentrum noch einmal gewaltig steigert, deutet auf die besondere Funktion der letzten beiden Zentren hin. Der Wirbel, im Durchmesser etwas größer als die übrigen, weist vorwiegend Violett- und Rosatöne auf. Doch mischen sich in ihm alle Farben des Chakras, wodurch er eher dunkel erscheint. Während bei den ersten fünf Chakras die Nahtstelle zwischen den Blütenblättern eine leichte Einbuchtung an der Peripherie bildet, entsteht beim Stirnchakra durch die viel zahlreicheren und daher schmaleren Blätter der Eindruck eines fast glatt durchgezogenen Kreises. Der Blütenstiel steht mit vielen Kopfnerven in Verbindung und endet etwas unterhalb der Augenhöhe im Bereich der Halsschlagader im Kopf. Wie das Wurzel- und Herzzentrum hat auch das Stirnzentrum über dem Wirbel ein silbrig leuchtendes Dreieck mit porenähnlichen kleinsten Öffnungen. Es ist das letzte Filter für die Kundalini-Kraft auf dem Weg zum Scheitelzentrum.

Im geistigen Auge treffen alle Strömungen und Energien aus dem Kosmos zusammen. Auch die Ausstrahlungen aller Intelligenzen, aller Bewußtsein, aller Welten und Dimensionen vereinen sich in diesem Chakra. Ist der Mensch zu höchster Vollendung gelangt, löst sich die Dreieckssperre auf, und die Kundalini-Kraft fließt frei in das Scheitelzentrum. Er kann sie nutzen, das heißt, er besitzt nun die Fähigkeit zu materialisieren und zu dematerialisieren, über größte Distanzen hinweg, aber auch in andere Dimensionen hinein telepathisch Gedanken zu vermitteln und aus der mentalen Ebene Kräfte zu beziehen, um andere damit zu heilen. Das Hellsehen, Hellhören und Hellfühlen und das Herstellen von Kontakten mit anderen Wesenheiten sind nun zur Selbstverständlichkeit geworden. Die Grenzen des Verstandes sind endgültig aufgelöst. Er findet sich in der Minuszeit ebenso zurecht wie in der Pluszeit. Aus seiner Vorstellungskraft bezieht er für eine zu vollbringende Handlung sofort die nötige Energie, so wie wir auf den Knopf drücken, um das Licht anzuzünden.

Ein optimal entwickeltes Stirnzentrum vermag alle negativen Erfahrungen im Erinnerungsunterbewußtsein aufzulösen. Es gibt kein Gestern, Heute oder Morgen mehr, in seinem Bewußtsein existiert nur noch der Augenblick. Die vielen verschiedenen Teile seines Selbst sind zu einem Ganzen verschmolzen. Er ist sich seines geistigen Wesens voll bewußt, denn er lebt einzig aus dem göttlichen Geist. Zwischen allen Polen in ihm und außerhalb seiner herrscht vollkommenes Gleichgewicht. Nichts kann ihn mehr verunsichern oder gar ängstigen. Er ruht in Gott, lebt aus seiner Mitte. Wir würden ihn als Heiligen bezeichnen. Während seines Menschseins löst er alle Probleme im Sinne des geistigen Gesetzes.

Im gesundheitlichen Bereich ist das Stirnchakra für die Sehkraft der Augen mitverantwortlich. Eine mangelnde Aktivität dieses Zentrums ruft oft auch Vergeßlichkeit und verworrene Gedanken hervor. Wenn wir zum Beispiel ein Problem bewußt verdrängen, verkrampft sich das dritte Auge derart, daß es zu schweren Sehstörungen, ja zur Blindheit kommen kann.

Vom Blick des geistigen Lehrers aus durchströmen mich gewaltige Energien. Gleichzeitig habe ich das Empfinden, in den Wellen eines Farbenmeers zu schwimmen. Als ich plötzlich aus ihm auftauche, geht mein Atem für einen kurzen Augenblick sehr schwer. Das Wesen verabschiedet sich mit den Worten: »Licht und Frieden, Gott zum Gruß!« In diesem Moment fühle ich mich leicht wie eine schwebende Wolke. Kaum habe ich den Gruß erwidert, betritt ein anderer feinstofflicher Lehrer die Szene. Er sieht dem ersten wie ein Zwillingsbruder ähnlich. Wir werden angewiesen aufzustehen. Ich wundere mich wiederum, daß wir Halt haben wie auf festem Boden, obwohl wir im freien Raum zu schweben scheinen. Direkt vor den Augen eines jeden

163

Schülers befindet sich plötzlich eine Leinwand. Wie in einem Spiegel erblicken wir unseren Astralkörper, der aus einem nebelartigen, bläulich-weißen Stoff besteht. Zu meinem Erstaunen sehe ich zum ersten Mal, daß auch er an seiner Oberfläche über blütenähnliche Energiezentren verfügt. Sie sind allerdings viel kleiner, wenn auch intensiver in ihrer Ausstrahlung als die Chakras unseres Ätherleibs. Die Farben sind noch heller, noch leuchtender. Neu ist auch für mich zu sehen, daß ihre Blütenstiele nicht im Astralleib, sondern im Mentalkörper verankert sind. Noch stärker überrascht mich, daß bei den Blüten von Stirn- und Scheitelzentrum der Wirbel nicht in der Tiefe des Blumenkelches liegt, sondern nach außen gestülpt ist, so daß die Blätter sich in das Innere des Astralkörpers versenken. Die Blütenstiele sind dicker als die übrigen, jedoch ganz kurz.

Die Blüten bis hin zum Hals haben, weil nur halb geöffnet, eine Trichterform. Stirn- und Scheitelchakra hingegen gleichen einem sich ständig drehenden Lichtrad. Plötzlich gewinnen wir Kontakt zu einzelnen unserer astralen Bewußtsein. Welch unbeschreibliche Freude! Die Frequenzen der Chakras erhöhen sich, ihre Farben, ja unsere ganzen Astralkörper leuchten mit neuer Kraft. Wenn, so wird erklärt, diese Bewußtsein versuchen, uns über die Astralchakras ihre Entwicklungen mitzuteilen, fließen die ausgesandten Schwingungen über die feinstofflichen Organe des Ätherleibs dem Verstand und anderen Bewußtsein zu.

Die Chakras im Astralkörper können mit unseren fünf Sinnen verglichen werden. Natürlich ist jegliche Wahrnehmung in feinstofflichen Dimensionen nur noch eine Schwingungsresonanz. Auch die Entwicklung dieser Chakras ist abhängig von den Einflüssen der Bewußtsein, die mit ihnen Kontakt pflegen können. Je besser ein Astralchakra ausgebildet ist, um so mehr Schwingungen aus anderen Dimensionen vermag es aufzunehmen.

Den Astralkörper hatte ich vorher immer nur als ein Ganzes, als nebelartiges Schattenbild der Physis gesehen. Im Spiegelbild meines Selbst erkenne ich nun, daß er sich aus Milliarden von kleinsten, lebendigen Punkten zusammensetzt, die wie Bläschen im Sprudelwasser in ständiger Bewegung sind. Jedesmal wenn sie den Wirbel eines Chakras durchströmen, werden sie wie in einer Zentrifuge herumgeschleudert, was sie frisch belebt und das zugehörige Schwingungsfeld in Funktion hält. Ich bin absolut fasziniert vom Bild meines Astralkörpers. Seine äußere Hülle erscheint mir wie eine elastische Haut, in der Milliarden von Teilchen schwimmen. Er hat zwar eine unserem Körper entsprechende Form, ist aber unsäglich viel schöner in seiner Ausstrahlung, wenn sich bereits viele Bewußtsein in ihm entwickelt haben.

Das Lichtwesen, das ich fast ganz vergessen habe, hebt nun die Arme, und es ist, als breiteten sich Flügel über uns aus. Die Leinwände verschwinden im Nichts. Das Wesen spricht: »Liebe Brüder und Schwestern, eure nächtliche Arbeit ist verrichtet. Stimmen wir gemeinsam ein Lied zum Lobpreis Gottes an!« Ich wußte nicht, daß ich mit meinem Astralkörper singen konnte, doch meine Stimme klingt hell und froh. Bevor wir uns auf den Weg zurück zu unseren physischen Körpern machen, senden wir Licht- und Liebesschwingungen zum Planeten Erde. Das funkelnde Leuchten der Astralkörper, besonders aber der beiden Lichtwesen, werde ich nie vergessen. Wir verabschieden uns, und unsere Helfer führen uns zurück. Als ich meinen Körper wie ein kurzfristig abgelegtes Kleid auf der Bettstatt liegen sehe, wird mir bewußt, daß ich ohne ihn unfähig wäre, meine Erlebnisse niederzuschreiben. Ich schlüpfe in ihn hinein und erwache leicht vibrierend in meinem Tagesbewußtsein.

Die Farben und Düfte des Pflanzenreichs

Wenn die Durchsagen von meinen feinstofflichen Freunden nicht im Schlaf, sondern während einer Meditation erfolgten, war die beste Zeit hierfür jeweils siebzehn Uhr. Häufig veränderte sich dann mein Körperempfinden, ich wurde langsamer in der Bewegung und im Denken – ein Zeichen dafür, mich an die Schreibmaschine zu setzen. Einige tiefe Atemzüge entspannten nicht nur meinen Körper, sondern sie bewirkten auch ein sofortiges Hineingleiten in jenes Bewußtsein, aus dem ich dann ohne zu denken die Texte niederschreiben konnte.

Ramir, dem wir bereits das Kapitel: »Die Polarität von Gut und Böse« verdanken, ist wie der Blumenkönig Raschea einer der Vorsteher der Erdgürtelzone. Seine Aufgabe ist es unter anderem, höherentwickelten Bewußtsein die geistigen Gesetze seines Pflanzenreichs zu erklären. Er steht in engem Kontakt mit dem mächtigen Gnomenkönig Musar. Es gibt Menschen, die durch ihre besondere Beziehung zur Pflanzenwelt eine unbewußte, teilweise aber auch bewußte Beziehung zu Musar aufnehmen können und dadurch Bewußtsein entwickeln, die das höhere Verständnis des elektrischen und magnetischen Fluids anstreben. Ramir gab mir über die Intuition den folgenden Text durch.

Nehmt auf die strahlende Kraft meines Reiches! Ramir spricht. Gott zum Gruße!

Nicht nur die Farbenpracht meines Pflanzenreiches wirkt auf die Energieströme eurer Chakras ein und stimuliert die entsprechenden Bewußtsein. Auch die Düfte, die ihr aus der Welt, in der ich lebe, wahrnehmt, sind Schwingungen, Energien, die große Auswirkungen auf euch Menschen haben. Dieses Wissen aber ist euch verlorengegangen, und deshalb ist es angebracht, darüber in diesem Buch zu schreiben. Es ist von großer Bedeutung für den Menschen der heutigen Zivilisation, für seinen körperlichen Organismus und für seine Psyche, daß er sich so oft wie möglich in der Natur aufhält und sich mit seinen fünf Sinnen den vielfältigen Ausdrucksformen der Farben und Düfte der Pflanzen wieder vermehrt zuwendet.

Es gibt in der äußersten Peripherie eures astralen Körpers Bewußtsein, deren Aufgabe ausschließlich darin besteht, die Energien der Farben und Düfte des Pflanzenreichs aufzunehmen, umzuwandeln und weiterzuleiten. Diese Bewußtsein sehen aus wie Energieknoten, aus denen die im Umfeld sich entwickelnden menschlichen Astralbewußtsein sich energetisch ernähren. Dem zivilisierten Menschen blieben manche Traurigkeit und Krankheit, manche negative Erfahrung erspart, würde er sich der vielfältigen Ausstrahlung der Pflanzen öffnen. Sie wirken wie Medizin auf ihn, ausgleichend und heilend. Man kann auch sagen, daß aus unserem Pflanzenbereich heraus die göttliche Barmherzigkeit in besonderer Weise auf euch Menschen und eure ganzheitliche Entwicklung einstrahlt.

Auch in den Astraldimensionen fangen gewisse höherentwickelte Bewußtsein die Energien der pflanzlichen Farben und Düfte auf, und zwar wie in einer Art Sammelbecken. Wir nennen es den energetischen See der göttlichen Barmherzigkeit. Für seinen Pegel ist allein die Natur zuständig. Die höherentwickelten Astralbewußtsein nehmen, wenn der Mensch sich im Tiefschlaf befindet, Kontakt auf mit den Astralbewußtsein des Menschen, die ihm für seine irdische Aufgabe zur Verfügung stehen. Sind diese von Schwingungen der Trauer und Sorge belastet, werden sie von den höherentwickelten Astralbewußtsein in den See der göttlichen Barmherzigkeit eingetaucht. Nach dem Erwachen des Körpers beleben dann neue Hoffnung und Zuversicht einen solchen Menschen.

Die Düfte aus unserem Reich, die in eure feinstofflichen Bereiche strömen, werden von den dafür bestimmten Astralbewußtsein transformiert und bringen den physischen Körper zum Schwingen. Wenn ihr gelernt habt, in ihn hineinzuhorchen, könnt ihr seine Organe singen hören. Diese Klänge durchströmen einen gesunden Körper wie eine bezaubernde Symphonie. Ihre Schwingungen sind Heilenergien, sind ein Teilaspekt des inneren Arztes. Viele von euch hören diese Töne. Aus Angst, ausgelacht zu werden, scheuen sie sich jedoch, darüber zu sprechen.

Jeder hat diese Klänge in sich. Häufig hört jemand zum ersten Mal die Stimme seiner Organe, wenn er ausgesprochen schwere Krankheiten überlebt hat. Wie lieblich tönten die Melodien, die Symphonie der Organe, wäret ihr euch im allgemeinen der Sprache eures Körpers bewußt! Die Kleinsten, die Kinder, verstehen sie auf eine ganz ursprüngliche Weise, solange das Verstandesdenken ihr Empfinden noch nicht überlagert.

Meist nehmt ihr leider euren Körper nur über die Krankheiten wahr. Ihr merkt es nicht, wenn ihr durch negatives Denken die inneren Instrumente verstimmt. Erst wenn eine Saite reißt, ihr also Schmerzen empfindet, werdet ihr euch der schrillen Mißtöne bewußt. Dann wehrt ihr euch gegen die Disharmonie, indem ihr den Körperteil betäubt oder verstoßt. Wäret ihr geübt darin, den Melodien der Organe zu lauschen, würde die Kraft eures geistigen Willens eine Verstimmung frühzeitig zu beheben wissen.

Die Farbenpracht unserer Dimension strahlt, wie gesagt, auf die Schwingungsfelder eurer Chakras ein, und so gelangt das Licht des Pflanzenreichs in vielen Nuancierungen in eure Bewußtsein und wirkt positiv auf sie ein. Bewußtsein ist eine vielfarbige, aus Schwingungen bestehende Welt. Auch Gedanken, die ein Bewußtsein erreichen, sind Lichteinstrahlungen, die in den feinstofflichen Bewußtseinsdimensionen Farben erzeugen. Wir, die Pflanzen, die stillen Diener des göttlichen Prinzips, wirken direkt durch unsere Farben auf eure Bewußtsein ein und fördern eure ganzheitliche Entwicklung.

Es gibt im Pflanzenreich, in der ganzen Natur keine zufälligen Farben. So ist das Grün der Blätter und Auen, das in den vier untersten Chakras wirksam ist, eine grundlegende Energie für den Menschen und steht im Zusammenhang mit der Anziehungskraft der Erde. Kreuzungen zwischen artfremden Pflanzen erzeugen in unseren Sphären Schmerzen. Wir haben aber, Gott sei Dank, die Kraft, diese Schmerzen in unserer Dimension zu verarbeiten, sie energetisch umzuwandeln. Darüber sind wir sehr glücklich, denn ohne diese Transformation würden diese negativen Schwingungen auf euch Menschen zurückfließen. Ganz ohne Folgen ist dieses menschliche Tun allerdings nicht. Es bewirkt eine gewisse Unausgeglichenheit in der Natur selbst, die sie schwächt.

Nach unserem Verständnis hat der Mensch, so wie er heute denkt und fühlt, wenig Ahnung von Schönheit, weil er nicht fähig ist, die Schwingungen, die zum Beispiel eine Blume ausstrahlt, in sich zu erfühlen. Er bewegt hauptsächlich die Sorgen und Ängste um seine Zukunft in seinem Innern. Wir, die wir stille Diener und der ganzheitlichen Entwicklung zugetan sind, versuchen, in unermüdlicher Liebe durch die Ausstrahlung unserer Schönheit diese falsche Haltung des Menschen zu beeinflussen. Leider finden wir noch zu wenig Menschen, über die wir zu euch sprechen können. Wir hätten viel zu berichten, auch über die Barmherzigkeit Gottes, die in eurer Welt so mißverstanden wird.

Es gibt nur wenige Menschen, über den ganzen Erdball verteilt, die die Göttlichkeit der Natur begreifen. Die meisten sind durch Machtstreben und Besitzgier mit Blindheit und Taubheit geschlagen. Wer nimmt schon im Rauschen des Waldes unsere Gesänge wahr! Wer versteht schon, wenn über einem See der Nebel sich ausbreitet, daß das ganz bestimmte Gesänge eines Elementes sind, aus dem wir uns ernähren! Viele Dichter hatten Zugang zu unserer Dimension. Sie haben ihre Erfahrungen in Versen dargestellt, die wohl schön klingen und ein Echo unserer Welt sind, aber nicht unsere Wirklichkeit. Unsere Liebe zu euch Menschen ist wie die glühende Sonne eures Planeten. Unermüdlich versuchen wir, die Schatten eurer Gedanken aufzulösen und Licht in euer Verständnis von uns zu bringen. Doch unsere Liebe zu euch verglüht niemals, sie bleibt in ihrer Stärke und Schönheit unverändert.

Es war mir eine ehrenvolle Aufgabe, durch dieses Instrument zu sprechen und einen winzigen Bruchteil der Schwingungen unserer Dimension über diese Worte in euer menschliches Leben hineinzutragen. Dieses Wissen, auch wenn ihr es jetzt verdrängt, wird vielen an der Wende der Zeit eine Hilfe sein. Die Worte als Worte sind nur Krücken für den Verstand, aber als farbige Schwingungen in den Chakras werden sie euch, wenn das Neue Zeitalter anbricht, eine energetische Hilfe bedeuten. Ich bedanke mich, daß ich sprechen durfte. Die Schwingungen der Liebe, der Farben, der Düfte, die nichts anderes als Teilaspekte des göttlichen Bewußtseins darstellen, hüllen euch Menschen ein. Gott zum Gruße!

Astrale Farben

Die sieben Dimensionen der Astralwelt und ihre verschiedenen Farben habe ich in meinem Buch Brücke ins Licht *beschrieben. Die folgenden Informationen erhielt ich in zwei Meditationen.*

Jede Astraldimension gliedert sich wiederum in sieben Zonen, die sich in der Farbtönung und in der Dichte der Astralmasse unterscheiden und in denen jeweils andere Lernprozesse ablaufen. Wir dürfen uns nicht vorstellen, daß die Astralbereiche sich in streng abgegrenzte Farben aufteilen. Vielmehr bestimmen fließende Farbübergänge das Bild. Auch wird der jeweils herrschende Grundton von Tausenden von Farbnuancen durchströmt. Oft bilden sich Streifen oder Farbenwolken. Jede Farbe sieht aus, als bestünde sie aus Millionen von kleinsten Pünktchen. Es entsteht der Eindruck, als würden die Pünktchen an die Oberfläche der jeweiligen Astralebene schwimmen und, kaum dort angekommen, wieder in die Tiefe sinken, um dann von neuem nach oben zu streben.

Die Farben der Astralmasse bilden Schwingungsfelder, die verschiedene Energien tragen und transportieren. Die Wesen in der Astraldimension nehmen die Farbschwingungen, die nicht mehr wie in unserer Dimension in Gedanken umgewandelt werden, direkt als Seelenzustände wahr. Bis zur vierten Astraldimension sind die Schwingungen gegenständlich sichtbar. In den höheren Dimensionen geschieht dies nur auf ausdrücklichen Wunsch oder zu Lernzwecken. Das Bewußtsein in jedem Teil der physischen Materie wird gemäß seiner Entwicklung von der entsprechenden Astralmasse durchdrungen. Dies gilt auch für die Physis des Menschen: Die ihn durchdringende Astralmasse formt seinen Astralkörper. Dessen Farben ziehen stets ähnliche Farben aus seinen in der Mental- oder Kausalsphäre sich entwickelnden Bewußtsein an. Dieser Vorgang stellt eine zusätzliche feinstoffliche Höherentwicklung dar.

Daß der Astralkörper jedes Menschen vor dem Eintritt in diese Welt, also auch vor der Zeugung, lebt, war mir besonders durch einige Hellsehsitzungen verdeutlicht worden, in denen sich Seelen aus der Astralwelt meldeten und die vor mir sitzende Besucherin als künftige Mutter begrüßten. So erfuhr eine junge Frau, daß sie im darauffolgenden Jahr schwanger würde. Das feinstoffliche Wesen stellte sich in der Sitzung vor und erklärte, was es durch diese Mutter zu lernen hoffte. Es waren tiefbewegende Erlebnisse für die Besucherin wie für mich.

Es gibt in der vierten Astraldimension eine Zone mit einer bestimmten ätherischen Masse, in der sich Wesen aufhalten, die kurz vor einem neuen Erdendasein stehen. Diese Astralmasse sieht milchig-weiß aus, obwohl sie, wie mir mein Helfer erklärte, in ihrem Verdichtungsgrad sehr unterschiedlich ist. Je höher das sich auf die Inkarnation vorbereitende Wesen entwickelt ist, um so feiner und um so weniger verdichtet ist die es umgebende Astralmasse. Auch die Aura eines Neugeborenen ist milchigweiß und bleibt unverändert, solange das Kleinkind noch kein Ich-Bewußtsein hat und noch nicht denkt. Nur die liebevollen Zuwendungen der Eltern lassen manchmal eine rosarote Tönung in der Kindesaura entstehen. Erst im Laufe der Entwicklung erzeugen die inneren Empfindungen, die Gedanken und Erlebnisse des Lebens allmählich Farben in der Aura, die die Eindrücke der Seele widerspiegeln.

Die Astralverdichtung, in der sich ein Wesen vor seiner Wiederverkörperung befindet, spiegelt die charakterliche Grundanlage wieder. Hat es sich vorgenommen, im irdischen Leben besonders seinen Egoismus zu überwinden, so drückt sich dieser in seiner Aura zunächst noch in der vorherrschenden Farbe Braun aus. Die Bewußtsein des Menschen, die sich parallel in verschiedenen Astraldimensionen entwickeln, senden Kräfte aus und versuchen, ihn in seiner Entwicklung zu unterstützen. Alle Willensanstrengungen, alle seelischen Bemühungen verstärken die zarten Ansätze der positiven Farben Gelb, Blau und Rosa. Diese schwingen in hellstrahlenden Leuchtkreisen in der menschlichen Aura, sobald die Charakterschwäche überwunden ist. Dieselben Farben sind, wenn das Wesen sein physisches Kleid wieder verlassen hat, in der Astraldimension unvorstellbar herrliche Schwingungs- und Kraftfelder, in denen sich seine Bewußtsein rasch entwickeln können.

Die Aura eines voll erleuchteten Menschen hat nicht mehr eine ovale Form, sondern die eines Kreises. Aus seinem Wesen strahlen das Licht und die Liebe Gottes. Sein Leben ist Hilfsbereitschaft und Güte. Alle seine Chakras sind erweckt, und alle Teile seiner Bewußtsein haben sich vereint. Die Kanäle zu den Dimensionen des Unterbewußtseins im astralen Bereich des Sonnengeflechts sind versiegelt. Wohl behält das Verstandesbewußtsein seinen Sitz im physischen Körper, aber es ist vereint mit dem Gottesbewußtsein. Ein solcher Mensch bezieht nur noch Energien aus der Kausalebene, und deshalb entstehen in ihm nur noch reinste Gedanken.

In der ersten Astraldimension, die in etwa unseren Vorstellungen von der Hölle entspricht, herrscht Dunkelheit. Ich möchte in Erinnerung rufen, daß die räumlichen Benennungen wie Dimension oder Zone nie einen Ort, sondern einen Bewußtseinszustand meinen. So ist die »Hölle« einem unvorstellbar schmerzlichen Seelenzustand gleichzusetzen. Die Farbausstrahlung der gierigen, selbstsüchtigen Wesen dieser Dimension sind entsetzlich. Ihre Aura zeigt dunkle Rottöne, die aus den unreinen Leidenschaften entstehen, die sie ständig plagen. Die Gedanken der Angst strahlen ein Grau aus, und die Schwingungen des Hasses und der Bosheit lassen schwarze Farben entstehen. Diese Wesen leben nur aus der Kraft des Bösen. Licht, gute Gedanken und Gebete sind für sie die schrecklichste Qual.

Leider gibt es auch heute immer noch Menschen, die sich der schwarzen Magie widmen und aus Machtgier solche Bewußtsein anzapfen. Es kann durchaus vorkommen, daß sie im Laufe der Zeit von ihnen beherrscht und besessen werden. Die gräßlichen Farbschwingungen breiten sich dann auch in ihrer Aura aus. Solche Menschen haben über viele Leben hinweg fürchterlich zu leiden, bis ihr Handeln wieder ausgeglichen ist. Mir stockte zeitweise der Atem, als ich die Bilder dieser dunklen Dimension sah, und ich fühlte mich seelisch sehr angegriffen.

Deshalb war ich froh, abschließend auch noch die herrliche Aura der Devas sehen zu dürfen. Die Aura dieser strahlenden, engelgleichen Lichtwesen war von einer solchen Schönheit, daß ich zu Tränen gerührt war. Dieses Gebilde erinnerte mich mehr an ein optimal entwickeltes Chakra als an eine Aura. Diese reinen Bewußtsein sind von göttlichem Licht durchdrungen, die Farben Hellblau (tiefe Religiosität), Gelb (Erkenntnis), Rosa (allumfassende Liebe) und Flieder (Entsagung aus höherer Erkenntnis) strahlten in harmonischer, absoluter Gleichmäßigkeit. So wie Sterne in einer klaren Sommernacht am Firmament funkeln, blinkten ständig Punkte auf, so hell, daß ich wie geblendet war. Ihre Ausstrahlungen sind wie reinste Gebetsschwingungen, die eine Hilfe für die Natur und alle menschlichen und feinstofflichen Wesen darstellen.

Die Farben in der Astralaura des Menschen sind wie seine feinstoffliche Handschrift. Ich kann hier nur die Hauptmerkmale der Standardfarben wiedergeben, denn alle Schattierungen und Vermischungen aufzuzählen, ist unmöglich. Es gibt auch Farbzusammensetzungen, die einfach nicht beschreibbar,

174

eben nur außersinnlich wahrnehmbar sind. Jeder gute Gedanke, wenn er aus reinem Herzen kommt, hellt dunkle Farben auf, genauso wie umgekehrt die Farben dunkel und matt werden, wenn wir uns gehen lassen oder aus Egoismus handeln.

Wenn alle Menschen die Farben der astralen Aura hellsichtig erkennen könnten, wenn Gedanken und Gefühle sich in Farben und Formen offenbaren würden, welche Wahrheiten kämen an den Tag! Alle Wölfe verlören ihren Schafspelz. Unehrlichkeit, Haß, Neid, betrügerische Absichten wären sofort für jeden erkennbar, und das Gesellschaftsbild veränderte sich sehr schnell. Eben dies wird im Neuen Zeitalter geschehen, wenn die außersinnliche Wahrnehmung – so wie heute die sinnliche – zur selbstverständlichen Begabung jedes Menschen gehört.

Wenn viele Menschen zusammen beten oder meditieren, entstehen durch die Seelengedanken weit über den Raum hinaus wunderbare Formen und Farben. Die ganze Umgebung wird von einer Aura eingehüllt. Schon deshalb ist es wichtig, nicht ohne Gebet in der Seele einzuschlafen, damit wir auch in den feinstofflichen Bereichen wohl behütet bleiben.

Weiß

ist die Farbe des ausstrahlenden Geistes, des feinsten Äthers. In der Aura des Menschen ist sie eher selten anzutreffen, jedoch oft vorhanden im Kausalkörper.

Purpurrot

kennzeichnet ehrliche gegenseitige Liebe und Hilfsbereitschaft. Opfert sich ein Mensch für einen anderen selbstlos auf, erstrahlt in der Aura eine rosarot-lila-goldene Farbtönung. Mit starkem Braun vermischt sich das Rot bei vorherrschender Eigenliebe und bei leidenschaftlicher Sinnlichkeit. Die Farbe Rot zeigt auch Körperkrankheiten an. Ein schönes Hellrot bedeutet Liebe zu allen Geschöpfen. Wenn wir den Tag mit den Worten »Liebe, Licht und Heil allen Wesen!« begrüßen, erstrahlen hellrote Schwingungsfelder in unserer Aura.

Orange

ist der Ausdruck von Ehrgeiz, Egoismus und Stolz.

Blau

in allen Schattierungen zeigt Religiosität an. Ist ein Mensch ganz in Gott aufgehoben, erstrahlt seine Aura in hellem Blau. Ein sattes Dunkelblau kennzeichnet einen tiefen Glauben und vor allem ein unumstößliches Vertrauen zu Gott. Bei religiösem Fanatismus kann sich dem Blau ein Schwarz beimischen.

Grün

erscheint in vielen Nuancen und Schattierungen. Das sanfte helle Grün zeigt an, daß der Mensch von der göttlichen Intelligenz inspiriert ist. Im Olivgrün hingegen spiegelt sich die durch Erkenntnis erworbene Intelligenz. Graugrün mit schwärzlichen Schattierungen zeigt Schlauheit und betrügerische Absicht sowie Einflüsse aus den dunklen Astraldimensionen an.

Gelb

in der eher hellen Tönung weist auf hohe Intuition und Vernunft aus höherer Erkenntnis hin. Dunkel und glanzlos erscheint das Gelbgrün und bedeutet Eitelkeit.

Grau

ist in allen Abstufungen Ausdruck innerer Einsamkeit, Verlassenheit, Trauer und Angst. Diese Farben geben einen bleischweren seelischen Zustand wieder. Bei Zornesausbrüchen durchfahren rote Blitze das graue Schwingungsfeld. Rachegefühle zeigen sich in dunkelgrauer Farbe mit roten, wolkenähnlichen Flecken.

Braun

läßt in der Mischung mit roten Tönen Falschheit oder Täuschungsabsicht erkennen. Ein glanzloses Braun deutet auf Geiz. Braun ist eine der schrecklichsten Farben, die den Astralkörper einschnürt und im Menschen das Gefühl aufkommen läßt, er werde wie von einer Schlange langsam erdrückt. Ein altes Sprichwort sagt: »Er erstickt noch an seinem Geiz.« Braune Flecken im Grau deuten auf Depressionen und Melancholie hin. Die Grundfarbe Braungrün, von roten Strichen oder Strahlen durchzogen, verrät Haß; ist sie zusätzlich von grünen Punkten durchsetzt, zeigt sie Eifersucht an.

Schwarz

ist die Farbe negativer Eigenschaften. Gedanken des Krieges und des Hasses, die Verachtung anderer, die Gottlosigkeit, die Bosheit und die Gemeinheit lassen in der Aura schwarze Wolken entstehen. Vernunft, Liebe, Einsicht und Geduld wandeln weniger gute Eigenschaften in höhere um und bringen hellstrahlende Farben zum Leuchten. Auch die Bereitschaft, unserem Gewissen mehr zu gehorchen als dem Verstand, läßt herrliche Farbensinfonien entstehen.

Besetzungen

Ich saß am Schreibtisch, als ich – ohne in Trance zu gehen – den folgenden Text innerlich hörte und zugleich als ein laufendes Schriftband vor mir sah. So war ich in der Lage, ihn direkt auf Tonband zu diktieren. Als ich anschließend fragte, von wem der Text stamme, meldete sich eine Schwester Clémence und sagte, sie sei eine neue Helferin von mir, und wir hätten in einem früheren Leben gemeinsam als Ordensschwestern in Frankreich gelebt.

Immer wieder kommt es vor, daß nach dem plötzlichen Ableben eines Menschen seine niedrigstentwickelten Bewußtsein – von Angst geplagt und nicht wissend, was mit ihnen geschehen ist – sich von den übrigen, reiferen Bewußtsein abtrennen und auf einer bestimmten Ebene in der Erdgürtelzone ihre nächste Entwicklung suchen. Dies geschieht, bevor noch das Wesen des Verstorbenen in die Astralsphäre eingetreten ist. Obwohl diese niedrigentwickelten Bewußtsein feinstofflich sind, erkennen sie ihren Zustand nicht, und außerhalb eines irdischen Körpers fühlen sie sich in großer Bedrängnis. Ihre energetische Ausstrahlung klingt durch viele Sphären wie der dumpfe Schrei: »Wir sind nicht tot!« Andere belehren sie, daß nur ihr Körper tot sei, sie aber weiterleben können. Sie begreifen es nicht, und die Todesangst, die sie wie Blitze durchzuckt, drängt sie in eine fremde Existenz hinein.

Oft lassen sie sich im Astralbereich eines Menschen nieder, im Astralkörper oder seiner Aura, und sie freuen sich über den ihrer

Struktur angepaßten Nistplatz. Sobald sie sich über den unfreiwilligen Gastgeber etwas orientiert haben, melden sie sich bei ihm an. Bis sie sich verständlich gemacht haben, befällt den Betroffenen oft Müdigkeit, Unruhe und Angst, ohne daß er für diese Zustände Gründe findet. Das rührt daher, daß der ungebetene Gast die Energien in der Aura zu einem großen Teil für seine Entwicklung aufbraucht. Nach einer gewissen Zeit hat er sich energetisch so aufgeladen, daß seine Ausstrahlung vom Betroffenen als innere Stimme wahrgenommen werden kann. Solch ein besetzter Mensch äußert dann verzweifelt, aus seinem Zwerchfell oder aus seinem Herzen spreche eine Stimme.

Sehr oft ist der feinstoffliche Eindringling in seinen Mitteilungen nicht sehr wahrheitsgetreu. Er ist sich seines Unrechts bewußt, jedoch nicht so weit entwickelt, daß er eine andere Lösung erkennen könnte. Oft schmeichelt er sich beim Menschen ein und gibt sich als seinen Bruder, seine Mutter oder einen guten Freund aus. Damit hofft er, sein angeeignetes Zuhause mit dem Einverständnis des Hauswirts behalten zu können.

Da ein solches triebhaftes Wesen keinen Zeitbegriff hat, spricht es fast Tag und Nacht zu seinem neugefundenen Freund, dem unfreiwilligen Wirt. Dessen Unwissenheit und Angst lassen verständlicherweise gegenüber dem feinstofflichen Element eine falsche Haltung aufkommen. Das Waisenkind aus dem Niemandsland, wie es sich selbst oft bezeichnet, empfindet das Wehklagen und die Angst seines neuen Freundes als Schmerzen und kann nur mit Drohungen und Angstverstärkung antworten, da in seinem Programm kaum andere Möglichkeiten gespeichert sind. Hätte der Mensch die Kraft und das Wissen, dem ungebetenen Feriengast in Geduld und Liebe zu erklären, daß er eine kurze Weile bleiben könne und man sich bemühe, das richtige Heim für ihn zu finden, dann wäre der körperliche Zustand des Menschen durch die Fremdeinwirkung wohl geschwächt, aber weitere Schäden entstünden nicht.

Die Angstgefühle eines besetzten Menschen drücken sich in seiner Aura in roten, braunen, grauen und oft auch in schwarzen Farbschwingungen aus. Die darin enthaltenen Energien plagen das Fremdwesen, und es bringt immer deutlicher zum Ausdruck, daß dadurch seine Wahlheimat zur Hölle wird. Lautstärker werden dann auch seine Drohungen, den Körper zu vernichten, sofern in dieser Lebensexistenz keine gemeinsame und für beide tragbare Lebensgrundlage geschaffen werde.

Immer häufiger kommt sich der unwissende Mensch als Verfolgter vor, er leidet unter Depressionen und Wahnvorstellungen, die bis zur Persönlichkeitsspaltung führen können. Er erkrankt oft so sehr an Körper und Seele, daß die klinische Behandlung als die einzige Rettung erscheint. Eine Folge kann auch sein, daß nächtliche Astralaustritte nur auf wenige Meter Entfernung möglich sind oder gar verhindert werden.

Nistet sich ein fremdes Bewußtsein nicht im Astral-, sondern im Ätherkörper eines Menschen ein, vernimmt der Betroffene seine Einwirkung nicht über die innere Stimme, sondern der Fremdeinfluß wirkt sich lediglich über Krankheit aus. Es können schwerste gesundheitliche Störungen, vor allem Schmerzzustände, auftreten, deren Ursachen unerklärlich erscheinen. An der betroffenen Stelle im Ätherkörper wird das ätherische Gewebe beschädigt. An dieser Schwachstelle können dann aus dem äußeren Umfeld die Erreger schwerer Infektionskrankheiten eindringen und die Organe befallen. Auch kann es zu Epilepsie oder panikartigen Handlungen kommen, die sich der Betroffene selbst nicht erklären kann. Andere sagen dann: »Er wirkte wie ein Fremder auf mich«. Wenn ein solcher Mensch einen Raum betritt, sind Klopflaute und das von unsichtbarer Hand bewirkte Rücken von Möbelstücken keine Seltenheit.

Mehr körperliche und seelische Leiden sind auf Besetzungen zurückzuführen, als im allgemeinen angenommen wird. Nimmt jemand, der sich unsicher und ängstlich fühlt, an spiritistischen

Séancen auf niedriger Ebene teil, ist sein Ätherleib geschwächt, und dann kann ein verirrtes Bewußtsein ihn befallen. Es hat auch dann eine gute Gelegenheit, in den feinstofflichen Bereich eines Menschen einzudringen, wenn sich jemand zu schnell oder in falscher Weise um seine geistige Entwicklung bemüht, sich einem schlechten Hypnotiseur anvertraut, Kundalini-Übungen allein ausführt oder ohne richtige Anleitung zu häufig meditiert.

Immer mehr Menschen – und auch dies ist ein Zeichen der neuen Zeit – eignen sich die Fähigkeit an, Hilfe zu leisten. Es gelingt ihnen bereits mit viel Erfolg, die feinstofflichen Geiselnehmer auf dem ihnen zugeschriebenen Entwicklungsweg zu führen, ihnen eine Lichtbrücke in eine höhere feinstoffliche Erfahrung aufzuzeigen. In den meisten Fällen vereinigen sie sich wieder mit den Astralkörpern, zu denen sie gehören. Gewisse Bewußtsein, die Astralbetreuer, nehmen die verirrten Wanderer liebevoll auf und weisen ihnen Aufgaben zu, die diese auch gerne annehmen. Es geschieht nur ganz selten, daß sie rückfällig werden. Sie bemächtigen sich dann nicht mehr eines physischen Körpers, sondern wählen ihre Heimat in niedrigeren Ebenen der Astraldimension.

In gewissen Zonen der Astralsphäre existieren sogenannte Elementalwesen, die sich aus wenig entwickelten Bewußtsein formieren, die in gewissen Schichten der Erdgürtelzone und des unteren Bereichs der Astralwelt beheimatet sind. Sie stellen weder Teilaspekte der Physis und ihrer Bewußtsein noch irgendwelche Astralkörperbewußtsein dar. Sie bestehen aus energetischen Zusammenschlüssen, sind die Kinder aus den Sphären der Dunkelheit. In den feinstofflichen Bereichen bis hin zur ersten Mentaldimension schwirren sie wie gräuliche Falter durch die Sphären. Sie können die Größe einer Fledermaus erreichen.

Reisende feinstoffliche Körper ohne Begleitung, die sich in den Astraldimensionen wenig auskennen, werden oft von diesen Elementalwesen befallen. Wie Blutegel setzen sie sich in ihrem

Schwingungsfeld fest und versuchen, den feinstofflich Reisenden in ihre dunklen Gefilde zu ziehen. Gottlob gelingt ihnen dies nur selten, denn ausgebildete Schutzengel wissen, wie die Befallenen zu befreien sind.

Von Zeit zu Zeit geschieht es, daß ein Elemental Besitz von einem physischen Körper ergreift. Es verbindet sich mit den im Menschen niedrigstentwickelten Bewußtsein, so daß ein sonst friedlicher Mensch plötzlich bösartig wird und sich nicht scheut, die von ihm geliebten Nächsten zu beschimpfen und zu verleugnen. Eine langsame Wesensveränderung findet statt, und wenn der Befallene sich selbst an diesen Zustand gewöhnt hat und sich langsam in ihm vertraut fühlt, können die dunklen Mächte in diesem Körper die Oberhand gewinnen.

Dann wiegelt das Elemental den Menschen zu schlechten Handlungen auf, und gehorcht dieser nicht, verursacht der diabolische Eindringling einen vorübergehenden Zusammenbruch des feinstofflichen Energiekreislaufs. Meist fällt dann der physische Körper in einen tranceähnlichen Zustand, und im wahrsten Sinne des Wortes tobt sich das Elemental in der Physis aus. Gehirnkrämpfe, aus dem Mund austretender Schaum, Schmerzen am ganzen Körper und Gesichtsverzerrungen sowie Tobsuchtsanfälle, Schreikrämpfe und unkontrollierte negative Handlungen sind die bittere Folge.

Leider gibt es bis heute für solche Fälle kaum Hilfe. Wohl verdrängen das Gebet oder das Tragen eines Kreuzes auf der Haut ein solches Elemental. Jedoch ist es immer darauf bedacht, eine günstige Gelegenheit zu nutzen, um den Körper des Betroffenen neu zu befallen.

Die in solchen Fällen ausgeführten Teufelsaustreibungen haben in den wenigsten Fällen Sinn. Ein von dunklen Mächten Besessener müßte mit einem tief religiösen Menschen ein freundschaftliches Verhältnis aufbauen, denn nur durch die Entwicklung einer sehr tiefen inneren Gottbezogenheit läßt sich diese Art von Besessenheit auflösen. Worte, Versprechungen, Drohungen oder gar Hiebe sind für die dunklen Auswüchse eine willkommene energetische Stärkung ihres Wesens. Nur die Verinnerlichung, die Anrufung des barmherzigen Gottes und die häufige Bekreuzigung sind wirksame Mittel, die diesen Leidensweg beenden können.

Zwischen der Erdgürtelzone und der Astralwelt existieren Dimensionen, die man als die feinstofflichen Zwischenbereiche bezeichnet. In ihnen leben Bewußtsein, die sich nach einem unerwartet plötzlichen Tod der physischen Hülle für eine weitere Aufgabe noch nicht definitiv festlegen wollen. Oft suchen sie den Kontakt zu anderen unentschlossenen Bewußtsein aus früheren Leben. Sie sind fähig, in einer Nacht alle Friedhöfe dieser Welt zu durchschweben. Mit Vorliebe kommunizieren sie mit den an die Gräber geketteten Bewußtsein. Sie sind unermüdlich auf der Suche nach Artgenossen und üben keine weitere Tätigkeit aus. Viele Menschen empfinden beim Besuch eines Grabes oder beim Durchqueren eines Friedhofs die eigenartige Atmosphäre, die solche Gebiete beherrscht. Diese von den Menschen als Geister bezeichneten Wesen sind weder auf den Menschen aus noch bösartig. Dankbar nehmen sie unsere Gedankenenergie an, wenn wir sprechen: »Liebe, Licht, Heil und Frieden Euch Wesen. Und Dank dem Schöpfer!«

Ich möchte schließen mit dem Hinweis, daß Angst der schlechteste Ratgeber ist, wenn es um Besetzungen geht. Angst ist das Einlaßtor für dunkle Kräfte. Gerade labile Menschen sollten immer wieder mit ruhiger Gewißheit beten: »Gott in mir ist Licht, Liebe und Kraft. Ich vertraue ganz der göttlichen Gegenwart in mir. Ich bin ein Kind des Schöpfers und gehöre ganz ihm, ihm allein.«

Das Scheitelchakra

Trotz meiner fünfzehnjährigen Meditationserfahrung waren viele Informationen, die ich über die Bedeutung der Feinstofflichkeit erhielt, für mich neu. Auch von Angriffen meines Verstandesbewußtseins blieb ich nicht verschont. Fragen, ja Zweifel wollten sich immer wieder aufdrängen. Doch wenn auch schmerzliche Kämpfe zu bestehen waren, siegten schließlich die Kräfte der Hoffnung und des Glaubens.

In der Endphase meiner Arbeit am Buch mußte ich nachts häufig aufstehen, und etwas in mir trieb mich an zu meditieren. Ich war dann immer auch wieder sehr glücklich und dankbar, als Instrument Botschaften aus anderen Dimensionen vermitteln zu dürfen, und die Augenblicke unbeschreiblicher Glückseligkeit wogen alle Kämpfe auf. Eines Nachts hatte ich mich erhoben, um über das Scheitelchakra zu meditieren und erlebte, was folgt.

Ich merke, wie ich in ein anderes Bewußtsein gleite. Obwohl ich meinen Körper nicht verlasse, sehe ich mit meinem geistigen Auge Dutzende von Helfern im Raum. Aus ihren Nabelzentren strömt Energie auf mein Sonnengeflecht. Aus ihren geistigen Augen ergießt sich ein funkelnder Lichtstrahl zu dem meinen. Ich erblicke das Scheitelzentrum, dessen Schönheit mich blendet. Sie rührt mich zu Tränen, die über meine Wangen laufen. Ich bin unfähig, sie wegzuwischen.

Die direkt in den Wirbel einströmende Energie manifestiert sich in Lila und bildet so viele Speichen, daß ich sie nicht zu zählen vermag. Mein Helfer nennt die Zahl neunhundertzweiundsiebzig. Man kann hier nicht mehr von Blütenblättern sprechen, da die Linien kaum noch erkennbar sind.

Das Scheitelchakra, das wie ein glühendes Lichtrad aussieht, steht mit dem gesamten kosmischen Geschehen in energetischer Verbindung. Im äußeren Blütenbereich fließen die Energien in allen Regenbogenfarben, nur unvergleichlich viel intensiver, plastischer in ihrer Ausstrahlung als diese. Es sieht aus, als habe man einen Regenbogen in tausend kleine Teile zerschnitten und sie tüchtig untereinander gemischt. Obwohl die Blüte eine derart bunte Farbpalette aufweist, strahlt sie vollkommene Harmonie und Ruhe aus. In der Mitte des Leuchtrades erkenne ich eine weitere, zwölfblättrige Blume. Ihre Blätter sind goldfarben und von violetten Punkten durchzogen. Der Wirbel erscheint noch etwas größer als derjenige des Stirnzentrums. Er ist violett, hellblau und gelb gepunktet. Der Blütenstiel endet wie der des Stirnchakras in den Kopfnerven, so daß beide Wurzeln eine Einheit bilden.

Das Scheitelzentrum entfaltet sich als letztes. Im Laufe der menschlichen Entwicklung weist es wie alle übrigen einen Durchmesser von etwa zwölf Zentimetern auf. Ist es aber vollständig erweckt, breitet es sich wie eine leuchtende Krone über die ganze Schädeldecke aus. Dann ist seine Aufgabe, den feinsten Äther und kosmische Energien aufzunehmen, beendet, und es sendet selbst Energien aus. Diese bezieht es ausschließlich aus der Kausalebene und aus dem göttlichen Bewußtsein. Dabei wölben sich die innere Blume und der Wirbel nach außen. Das erweckte Scheitelchakra sieht einer strahlenden Kuppel sehr ähnlich. Mein Helfer erinnert mich daran, daß es entsprechende Darstellungen in der bildenden Kunst gibt.

Nach einer solchen Entwicklung ist das persönliche Energiefeld des Menschen mit allen Kraftfeldern des Universums verbunden. Er strahlt, wo immer er sich hinbegibt, Heilung und

Liebe aus. Die göttliche Urkraft, die Kundalini, durchströmt ihn und vermittelt ihm die Gewißheit, daß er und das Universum eine Einheit bilden. Die Dualität löst sich auf, ebenso die Zeit. Als Mensch lebt er aus dem universellen, dem kosmischen Bewußtsein: Leben und Tod haben sich vereint; allein die ewige Gegenwart des Gottesbewußtseins herrscht. Rückentwicklungen durch menschliche Fehler sind nicht mehr möglich. Ein solcher Mensch lebt und erlebt sich in Gott, als eins mit ihm, und er wirkt nur noch aus diesem göttlichen Bewußtsein.

Das Scheitelchakra übertrifft alles an Glanz, was wir uns Menschen vorzustellen fähig sind. Nach der Erweckung fließen alle Energieströme aus dem Wurzelzentrum durch das Rückenmark zum Scheitelchakra. Mein Helfer erläutert, daß das vollentfaltete Scheitelchakra auf Heiligenbildern durch Flammen über dem Kopf dargestellt wird. Sie drücken höchste geistige Vollendung aus.

Viele der Helfer verlassen nun das Zimmer. Ich weiß, daß ich mich zu verabschieden habe. Ich tue es mit Freude und in Dankbarkeit.

Ins Wachbewußtsein zurückgekehrt, war ich überrascht, daß es Nacht war. Ich hatte es vergessen, war aber doch froh darüber, da ich mich vor Müdigkeit kaum mehr aufrecht halten konnte. Glückselig legte ich mich schlafen. Als ich das Erlebte am nächsten Morgen notierte, erinnerte ich mich an keine anderen Geschehnisse dieser Nacht.

Die feinstofflichen Körper

Ich fasse im folgenden die Informationen zusammen, die ich in verschiedenen Meditationen, Trance-Sitzungen oder Belehrungen im Schlaf über die feinstofflichen Körper des Menschen erhielt. Die meisten Mitteilungen stammen von Nikodemus, über den das Johannes-Evangelium berichtet.[1] Er suchte eines Nachts Jesus auf. Bei diesem Gespräch wollte Jesus ihn trösten und erklärte ihm die feinstofflichen Körper des Menschen, den Zustand nach dem Ableben und die Gesetze der Wiederverkörperung. Er verlangte aber von ihm, darüber zu schweigen. Deshalb die Unsicherheiten über die Auslegung der Bibelstellen. In jener Nacht kündigte Jesus auch an, Nikodemus werde die Erde im feinstofflichen Gewand oft wieder besuchen. Tatsächlich ist Nikodemus bis heute als geistiger Helfer für die Menschen unserer Erde tätig und steht ihnen vornehmlich in ihren Meditationen bei.

Der heutige Mensch hat Mühe, sich seine feinstofflichen Körper vorzustellen, die in Schwingungsebenen existieren, die sich allein dem hellsichtigen Auge erschließen. Er neigt dazu, nur das grobstofflich Materielle für wirklich zu halten, doch kann sein materieller Körper nur dank des Ätherleibs und des astralen Körpers leben. Diese beiden hängen vom mentalen, dieser seinerseits vom Kausalkörper ab.

Alle Körper sind über einen Energiefaden, oft Silber- oder

[1] Johannes 3,1-21; 7,50-52; 19,39

Astralschnur genannt, miteinander verbunden. Im Astralkörper liegt der Anknüpfungspunkt dieses energetischen Drahtes entweder in der Genick- oder in der Stirnpartie, und die Verbindung zum physischen Körper verläuft bei fast allen Menschen über das Genickchakra, bei einzelnen auch über das Herz- oder Stirnchakra. Man kann es sich so vorstellen, daß aus dem Astralkörper eine Art Energie in das Genickzentrum fließt und dort in Energie für den Erhalt des physischen Körpers umgewandelt wird. Wie ein silbriger Faden zieht sich dieser geistige Draht durch alle Körper hindurch. Die in ihm fließende Energie ist eine Ursubstanz, die die Körper nicht nur verbindet, sondern auch ernährt.

Sowenig wie mit unserem physischen Körper können wir uns mit unseren feinstofflichen Körpern identifizieren: Auch sie sind nur die Hüllen, in denen unsere Bewußtsein sich entwickeln. Sie stellen also für das geistige Wesen die Bewußtseinsträger in bestimmten Schwingungsebenen dar. Der Ätherleib ist hierbei gesondert von den drei höheren feinstofflichen Körpern zu sehen. Er hat zwei Hauptfunktionen: Er wird bei jeder Inkarnation zum Erhalt des physischen Körpers, als Träger seiner Lebenskraft, gebildet und löst sich jeweils innerhalb von drei bis fünf Tagen nach seinem Tode wieder auf; der ätherische Stoff des Ätherleibs ist außerdem das Bindeglied zwischen dem astralen und dem physischen Körper.

Astral-, Mental- und Kausalkörper, von denen jeder über Chakras verfügt, existieren über alle Inkarnationen hinweg weiter. Erst wenn der Mensch nach langen Entwicklungen in irdischen und astralen Leben die letzte, die siebte Astraldimension verläßt, streift er die Hülle des Astralkörpers ab, und die weitere Reifung vollzieht sich in den höheren Schwingungsebenen des Mentalkörpers, bis auch dieser sich nach der Durchwanderung der sieben Ebenen der Mentalsphäre auflöst. Schließlich wird auch der Kausalkörper abgelegt. Wenn dann das geistige Wesen, das wir sind, wieder in den Urgrund der göttlichen Einheit eintaucht, findet es zu seiner wahren, seiner göttlichen Identität zurück.

Der Ätherleib

mit seinem ätherischen, aber noch relativ dichten Stoff ist für den körperlichen Organismus der Wärmespender, der Träger der schöpferischen Lebenskraft. Er bezieht diese Vitalität, diese Nährkraft, wie im Kapitel »Das Milzchakra« beschrieben wurde, von der Sonne, speichert sie wie ein Akkumulator und führt sie ständig dem physischen Körper zu.

Ähnlich wie im Rohbau eines Hauses die Stromkabel – verborgen vor dem Auge des Bewohners – verlegt sind, ist der Ätherkörper mit Tausenden von energetischen, unsichtbaren Fäden durchzogen, die dem physischen Körper ununterbrochen kosmische Energien als Lebensstrom zuführen. Im Aussehen ist dieses Leitungssystem dem Netzwerk der Körpernerven vergleichbar. Die energetischen Verteilerzentralen befinden sich im Wurzel- und Scheitelzentrum, die Sicherungskästen in den übrigen Chakras.

Alles Existierende strahlt, auch die feinstofflichen Körper als geistige Organe des Menschen. Der Ätherleib strahlt nicht nur über die Chakras aus, sondern hauptsächlich über die Poren. Die Strahlen des Ätherleibs gehen etwa fünf Zentimeter über den physischen Körper hinaus und bilden eine Art Schutzmantel um ihn. Diese dünnen, haarähnlichen Energiefäden ragen wie Fühler in die Schwingungen des umgebenden Äthers hinein und saugen hauptsächlich aus dem astralen Umfeld des Menschen Energien auf, die für die Organe unentbehrlich sind. Magnetiseure vermitteln ihre Heilenergien über diese atmenden Poren.

Die Ausstrahlung der überschüssigen Lebenskraft des Äther-
körpers macht zusammen mit der Ausstrahlung der physischen
Körperorgane und jenen Stoffpartikeln, die der Körper ständig
durch Schweißabsonderung ausstößt, die Gesundheitsaura aus.
Die von den physischen Organen ausgesandten Energien ent-
weichen in dünnen, wenige Zentimeter langen, geraden Strahlen aus den Poren, wenn der Körper gesund ist. Dadurch werden
Krankheitskeime ferngehalten, denn die Strahlen wirken wie
Wasserwerfer, unter deren Druck Schadstoffe weggefegt werden.
Bei Kranken sind die Wasserwerfer ohne Druck, die Strahlen
sind nicht mehr geradeaus gerichtet, sondern nach unten gebo-
gen, oder sie überkreuzen sich an den erkrankten Körperstellen
in ungeordneter Weise. Das den Körper engumschließende
Strahlenfeld der Gesundheitsaura ist von der viel größeren Aura
des Astralkörpers zu unterscheiden, die den physischen Menschen bis zu einer Ausdehnung von mehreren Metern umgibt
und in der als Seelenspiegel alle Emotionen und Charakteranla-
gen ablesbar sind.

Wenn ein Mensch über längere Zeit negative Gedanken hegt,
wirken sie sich auf seinen Ätherkörper aus. So wie die in einem
Prismenglas gebündelten Sonnenstrahlen Papier entzünden,
greift die negative Gedankenenergie das feinstgewobene energetische Netz des Ätherkörpers an, so daß einer der elektrischen
Leiter durchbrennt. Häufig übertragen sich solche Verletzungen
auf den physischen Körper als Schmerzen, ohne daß ein ärztli-
cher Befund die Ursache erklären könnte.

Man kann den Ätherleib auch als den feinstofflichen Polizi-
sten des Menschen bezeichnen, denn unermüdlich ist er be-
strebt, alle negativen, von außen einwirkenden Krankheitserre-
ger fernzuhalten. Durch diesen Schutzfaktor ist es grundsätzlich
nicht möglich, durch äußerlich bedingte Ursachen zu erkran-
ken. Die Gründe liegen immer in negativen Gedanken, in Unzu-
friedenheit, Ängsten oder in falschen, also dem Betreffenden von

der Entwicklung her nicht zustehenden Wünschen, in die er sich festbeißt. Dadurch gerät der Stromfluß im Ätherkörper ins Ungleichgewicht, und Störungen der Stromlinien bewirken, daß die Ausstrahlung des Ätherleibs nach außen hin eine Schwachstelle aufweist. Dann ist der Mensch nicht mehr nur durch seine innere Unordnung krankheitsgefährdet, sondern er nimmt zusätzlich noch von außen die vielfältigen Bakterien auf, die jetzt keine Mühe haben, in ihn einzudringen.

In einer Meditation erfuhr ich zu meiner Überraschung, daß sich nicht nur der Astralkörper, sondern auch der Ätherleib von unserem physischen Körper trennen kann, allerdings nur auf die kurze Distanz von wenigen Metern. Bei seinem Austritt bleibt er mit einem feinstofflichen Band, das man mit einem Verlängerungskabel vergleichen könnte, mit dem Körper verbunden. Er muß sich allerdings, um austreten zu können, in zwei Hälften teilen. Daß der Ätherleib als einziger feinstofflicher Körper mit der einen Hälfte nach rechts, mit der anderen nach links austritt, hat seinen Grund in der Polarität. Als erstes tritt immer die Seite des Pluspols, die elektrische, aus. Sie zieht dann die Minusseite, die magnetische, nach, und dann fügen sich beide wieder zu einem Ganzen zusammen.

Der Astralkörper

Die Kapitel »Die Vieldimensionalität des Menschen« und »Astrale Farben« enthalten bereits Ausführungen über den Astralkörper und die Farben seiner Aura. Wir wissen, daß der Astralkörper, den wir uns als nebelartige Substanz vorstellen können, das gleiche Raumvolumen einnimmt und die gleiche Form hat wie der physische Körper. Er ist so strukturiert, daß er ohne energetische Veränderung seines äußeren Gewandes nicht in anderen als den astralen Sphären verweilen kann. Ebensowenig wie wir Menschen mit unserer körperlichen Hülle gefahrlos in ein loderndes Feuer gehen können, ist der Astralkörper in der Lage, sich in der mentalen Ebene aufzuhalten.

Alles, was den Menschen gefühlsmäßig bewegt, wird in Form von Energie über den Astralkörper hinaus in die ovalförmige Seelenaura ausgestrahlt und zwar teilweise über die Poren, hauptsächlich aber über die Energiezentren. Daß Energie zum Beispiel über die Handchakras in die Aura strömt, können empfindsame Menschen bei einem Händedruck leicht feststellen. Die Charaktereigenschaften und Talente bilden konstante Grundfarben in der Aura. Jede Gemütsbewegung, ob Trauer, Glücksempfinden, Angst oder Zuneigung, schillert in unbeschreibbaren Farbnuancen. Niedrige Emotionen durchziehen die Aura wie dunkle Wolken den Himmel. Kreativität und geistige Aktivität vergrößern die Aura. Je mehr das Bewußtsein eines Menschen sich entwickelt, um so heller und durchsichtiger strahlen die Farben.

Bewirkt ein höherentwickeltes Bewußtsein den Austritt bei einer nächtlichen Astralreise, und wurde der Tag des Menschen von niedrigen Bewußtsein bestimmt, empfindet das austretende Astralbewußtsein Schmerz, wenn es die ihm schwingungsfremde Astralaura durchwandern muß. Willentliche Astralreisen sind jedoch erst möglich, wenn ein bestimmtes feinstoffliches Gewebe im Ätherleib durch die Bewußtseinsentwicklung durchlässig geworden ist. Es ist dasselbe Gewebe, das als feinstofflicher Filter dafür sorgt, daß die Energieströme des Astralkörpers nicht in einem Übermaß, sondern nur entsprechend der Bewußtseinsreifung in den physischen Körper dringen.

Der Mentalkörper

Zunächst möchte ich auf die Zeichnung »Die Körper des Menschen« (im Bildteil) hinweisen, dabei aber in Erinnerung rufen, daß die verschiedenen Körper des Menschen nicht räumlich voneinander getrennt sind, sondern einander durchdringen. Während der Ätherleib mit seinen Fühlern den physischen nur um wenige Zentimeter überragt, ist der Astralleib selbst zwar raumgleich mit dem irdischen Körper, geht aber mit seiner Ausstrahlung, der Seelen- oder Astralaura, weit über ihn hinaus. Diese Aura vergrößert sich im Zuge der Höherentwicklung des Menschen. Der Mentalkörper kann sein grundgegebenes Volumen um das Siebenfache erweitern, das heißt, er besitzt eine feinere, weniger dichte Form als der Astralkörper und ist in seiner vollen Ausdehnung siebenmal größer als er. Der Mentalkörper nimmt etwa denselben Raum ein wie Astralkörper und -aura zusammengenommen.

Gedanken sind die Kinder der Bewußtsein. Sie sind aber auch die farbigen Schwingungen, die von den höherentwickelten Bewußtsein in der Mentalsphäre angezogen werden, sich energetisch mit ihnen verbinden und das vielschichtige feinstoffliche Gewand der sich entwickelnden Teilaspekte unseres höheren Wesens in der Mentalsphäre bilden. Der Mentalleib ist die Philharmonie der Gedanken, ist der Planet höherentwickelter Bewußtsein, die ohne Wenn und Aber mit aller Konsequenz die Wahrheit suchen, nicht ihre Wahrheit, sondern die göttliche Wahrheit. Dies gilt vor allem für die Bewußtsein, die den Reifegrad der letzten zwei Ebenen der Mentalsphäre erreicht haben. Alle übrigen Mentalbewußtsein sind auf dem Weg zu dieser Entwicklung.

Natürlich haben auch weniger entwickelte Menschen einen Mentalleib. Jedoch ist sein Gewebe noch undurchlässig, seine Farben sind dumpf und glanzlos. Positive und negative Gedanken erzeugen nicht nur Wirkungen in unserem Leben, sie bestimmen auch die Lichtqualität der höheren Bereiche unseres Selbst. Glücklicherweise gelangen die meisten negativen Gedanken mit ihren dunklen Farbschwingungen nicht in den Mental- und Kausalkörper. Das eigentliche geistige Wesen distanziert sich von ihnen und wartet über viele Leben hinweg, bis die Gedanken und Gefühle rein genug sind, eine Entwicklung in den höheren Körpern zu gewährleisten. Die negativen Gedanken werden von den Astralbewußtsein aufgefangen und je nach Entwicklung des einzelnen in Erkenntnisse umgewandelt, die dem Menschen im Laufe seines irdischen Lebens zufließen. Im Sinne des geistigen Gesetzes besonders schwerwiegende negative Gedanken bleiben in bestimmten Astralbewußtsein gespeichert. In der darauffolgenden Entwicklungsphase sind sie dann Teil des negativen geistigen Kapitals. Wie Gefangene warten sie auf Erlösung durch positive Handlungen und Opferbereitschaft, durch Überwindung der Selbstsucht und der Leidenschaften.

Der Mentalkörper eines weniger entwickelten Menschen sieht wie eine milchig-weiße Substanz aus. Durch gute Gedanken und Handlungen geschieht etwa das gleiche, als wenn wir Milch mit Wasser mischen: die Substanz wird verdünnt, die Farbe heller. Viele Seelenbewußtsein aus höheren Astralsphären bemühen sich, in den Mentalkörper einzustrahlen. Das wirkt sich beim Menschen darin aus, daß die Intuition und das Verstandesdenken sich näherkommen. Die energetische Vermählung empfindet der Mensch als Ansporn, und er ist motiviert, sich noch bewußter seinen Aufgaben zu stellen.

Häufig bringen sich in einem Gedankenablauf mehrere unterschiedlich entwickelte Bewußtsein zum Ausdruck. Das sind die Augenblicke, in denen wir von Zweifeln geplagt werden, weil wir innerlich Hinweise aus dem Verstandesdenken und den verschiedenen Seelenbewußtsein wahrnehmen. Mißmut, Unsicherheit, ja Handlungsunfähigkeit sind die Folgen. Hören wir aber auf die innere Stimme und setzt sich das höherentwickelte Seelenbe-wußtsein durch, wird einerseits ein weniger entwickeltes Bewußtsein erlöst, und andererseits dringen die besser entwickelten Bewußtsein leichter bis zum Verstand durch. So formen unsere Bewußtsein unsere Handlungen. Die reinen Gedankenenergien in der Mentalebene strahlen in unsere Seelenbewußtsein hinein und bewirken, daß wir immer fähiger werden, uns über den Egoismus zu erheben und Nächstenliebe auszustrahlen.

Astral- und Mentalkörper sind über die Scheitelchakras miteinander verbunden. Wie auf der Zeichnung schematisch und vereinfacht dargestellt, liegen im Strahlenfeld der äußersten Schicht des Mentalkörpers seine sieben Chakras, die man auch als die sieben Lichtpforten bezeichnet, denn sie sind Durchgänge für Mentalbewußtsein, die entweder die Zonen des Kausalkörpers zeitweilig aufsuchen oder aber endgültig in sie überwechseln. Die sieben Chakras des Mentalkörpers sind im Sinne des geistigen Gesetzes die sieben Entwicklungs- oder Bewußtseinsstufen des Menschen. Dies bedeutet, daß er mindestens ein irdisches Leben braucht, um mit seinen Bewußtsein durch eine dieser Pforten hindurchzugehen. Erst wenn er alle sieben Pforten durchschritten hat, kann er sich ganzheitlich und nicht nur mit einzelnen Bewußtsein im Kausalkörper weiterentwickeln.

Während der Astralkörper mit seinen nach außen gehenden Strahlen die Seelenaura bildet, strahlt der Mentalkörper einerseits nach innen auf den astralen und den physischen Körper energetisch ein, andererseits aber nach außen, und er bildet so die Aura des Mentalleibs. Güte und Selbstlosigkeit lassen sie in herrlichen Pastellfarben leuchten. Die Grundtöne erscheinen in sanftem Grün, in weichem Blau, in Weißgrau und Lila.

Die rechte Seite des Mannes ist elektrisch (plus) und die linke magnetisch (minus) geladen – Pfeil 1 auf der Zeichnung deutet die jeweilige Ausstrahlung nach außen an. Das Strahlenfeld an der Peripherie des Mentalkörpers, das nach innen wirkt (Pfeil

2), ist jeweils gegensätzlich in seiner Aufladung. Beim Zusammenprall beider Energiefelder entsteht ein elektromagnetisches Feld – ein im ganzen Kosmos wirkendes Grundprinzip. Der Energiefluß zwischen den beiden Feldern ermöglicht die Stromversorgung der feinstofflichen Körper und bestimmt die ihnen entsprechende Wärme.

Man darf sich die Ausstrahlung eines feinstofflichen Körpers nicht wie durch eine starre Linie begrenzt vorstellen. Wenn zwei Ströme gegeneinander fließen, entsteht an ihrem Berührungspunkt ein Magnetfeld. Beim Aufeinanderprallen beider Energiefelder wird kurzfristig das Plus- vom Minusfeld und umgekehrt durchströmt, bevor sich beide Pole wieder abstoßen.

Auf der Seite, auf der der Mentalkörper nach innen Elektrizität ausstrahlt (Pfeil 2), wirkt sein Strahlenfeld nach außen, also in den Kausalkörper hinein, magnetisch (Pfeil 3). Beides kehrt sich auf der anderen Seite um. Da die Einstrahlung der äußersten Schicht des Kausalkörpers nach innen wiederum jeweils gegensätzlich ist (Pfeil 4), bildet sich auch im äußeren Bereich des Mentalkörpers eine elektromagnetische Strömung. Bei der Frau ist all dies seitenverkehrt.

Die Seelenbewußtsein des Menschen im Astralkörper entwikkeln sich bei Tag und, wie wir wissen, auch bei Nacht, bis sie schließlich zu Bewußtsein im Mentalkörper werden. In der äußersten Schicht des Mentalkörpers befinden sich Mentalbewußtsein mit der Aufgabe sicherzustellen, daß die Bewußtsein, bevor sie in den Kausalkörper hinüberwechseln, die negativen Erfahrungen der Vergangenheit aufgearbeitet und die entsprechenden Kanäle zum Erinnerungsunterbewußtsein abgeschnitten haben. Jedesmal, wenn eine Kammer des Erinnerungsunterbewußtseins geschlossen, beziehungsweise aufgelöst ist, erfährt der Mensch eine spürbare innere Neugeburt; gleichzeitig bedeutet dies für ein Mentalbewußtsein den Eintritt in die Kausalebene, und im Menschen werden neue Energieströme wirksam.

Die höchstentwickelten Bewußtsein des Mentalkörpers, die die Erde, die astrale Sphäre und die niedrigeren Mentalebenen hinter sich gebracht haben, leiden entsetzlich, wenn sie noch mit den Kanälen des Erinnerungsunterbewußtseins in Verbindung stehen, gleichzeitig aber schon aus den ersten Zonen des Kausalkörpers Energien empfangen. Sie nehmen dies als Entwicklungsmöglichkeit auf sich, weil sie es kaum erwarten können, durch die für sie bestimmten Lichtpforten zu gehen und ihre weitere Entwicklung im Kausalkörper anzutreten. Nach und nach schweißen sie die Zugänge zum Erinnerungsunterbewußtsein zu, so daß hemmende Einflüsse aus der Vergangenheit den weiteren Entwicklungsweg nicht mehr behindern.

Bei einem höherentwickelten Menschen fließen die Schwingungen von Scheitel-, Stirn- und Halschakra des Mentalkörpers ineinander. Dics äußcrt sich auf der irdischen Ebene in liebevollen, gütigen Gesichtszügen. In der feinstofflichen Sphäre entsteht durch den harmonischen Fluß dieser Farbschwingungen vom Schultergürtel aus bis hoch über den Kopf hinaus ein kronenförmiges Strahlengebilde in einem hellen, klaren, durchsichtigen Goldgelb. Die Seher aller Zeiten nannten dieses gelbe Strahlenfeld den Heiligenschein. Durch ihn hindurch schießen aus dem innersten Punkt des Scheitelchakras wie aus einem Springbrunnen Strahlen reinster Energien in Gold und Orange. Sie sehen aus wie Laserstrahlen, die über die obere Begrenzung des Heiligenscheins hinausreichen und sich durch die Lichtpforte des Scheitels auf die Gott preisenden Kausalbewußtsein richten.

Im Laufe der Zeit wird das feine Gewebe des Mentalleibs so sehr durchlässig, daß die in ihm sich entwickelnden Bewußtsein lernen, sich der Kräfte aus der Kausalebene zu bedienen. Die höchste Stufe der Entwicklung im Mentalleib ist erreicht, wenn er zum Spiegelbild des Kausalkörpers geworden ist. Dann hat der Mensch Weisheit erlangt und versteht, nur noch aus seinem höheren Selbst heraus zu leben.

In der äußersten Schicht der Aura des Mentalkörpers existieren weniger entwickelte Mentalbewußtsein, die zwar den Weg über das Grobstoffliche hinter sich haben, aber noch angebunden sind an die Muster der Vergangenheit, also an die Kanäle des Erinnerungsbewußtseins. Sie sind es, die im Menschen Sorge und Panik auslösen können, zum Beispiel die Angst, es würde ihm auf der Straße, auf Reisen usw. etwas zustoßen, oder eine kleinere Krankheit könne zum Tode führen. Im negativen Aspekt sind diese Denkzellen Angstmacher, im positiven Aspekt Kräfte, die den Menschen warnen.

Diese Mentalbewußtsein sind Manifestationen vergangener Entwicklungen des Menschen. Sehnlich warten sie auf Erlösung von ihrem Zustand. Wenn sie Ängste in den menschlichen Körper hineinprojizieren, ist dies für sie selbst sehr schmerzhaft. Der Mensch kann sich und solchen Teilaspekten seines Selbst durch regelmäßig ausgeführte Meditationen helfen. Sie erzeugen positive Schwingungsfelder im Mentalbereich, setzen Energien frei, die über den feinstofflichen Kreislauf den höheren Mentalbewußtsein zuströmen. Diese sind dann wie liebevolle Ärzte, die die weniger entwickelten Mentalbewußtsein wie Patienten umsorgen und ihnen helfen, Angst in Vertrauen auf die höhere Führung und in klares Denken umzuwandeln.

Der Kausalkörper

Wir dürfen uns die feinstoffliche Hülle des Kausalkörpers, das Trägerfeld höchstentwickelter Bewußtsein, nicht als einen Körper im üblichen Sinne vorstellen, sondern eher als ein energetisches Strahlenzentrum aus wellenähnlichen Leuchtfäden, aus Licht und zartesten, zugleich aber intensivst glühenden Farben. Er gleicht der Atmung eines sich sanft bewegenden Vulkans. Er ist erheblich größer als der Mentalkörper; bei fortschreitender

Entwicklung nimmt der Kausalkörper an Umfang zu, und seine Eiform wird zu einem Kreis.

Der Leser darf bei der Betrachtung der Zeichnung nicht vergessen, daß sie auf einer einzigen Fläche mehrere räumliche Gebilde wiederzugeben versucht, die zudem noch verschiedensten Wirklichkeitsebenen angehören. Selbst der Hellseher erblickt die verschiedenen feinstofflichen Körper nur, indem er sein Sehvermögen auf die jeweilige Sphäre einstellt. Schaut er in die Mentalsphäre, zeigt sich ihm der Mentalkörper dort, wo er mit seiner astralen Sehkraft den Astralkörper und die Astralaura sieht, und außerdem gewahrt er in dem Umfeld, das darüber hinausragt, die Mentalaura. Diese wiederum füllt einen Teil des Raumes aus, in welchem er den Kausalkörper erkennt, wenn er seine Aufmerksamkeit der kausalen Ebene zuwendet.

Lebt der Mensch aus seinem Tagesbewußtsein, sind astraler und physischer Körper schwingungsmäßig zu einer raumgleichen Einheit verschmolzen. In der Nacht, die für den Astralkörper zum eigentlichen Tag wird, entfernt er sich vom physischen Körper und besucht seine heimatlichen Gefilde. Ganz anders ist die Verbindung des Mental- und Kausalleibs mit dem materiellen Körper. Sie sind in ihrer Ausdehnung ebenfalls teilidentisch mit ihm, verschmelzen aber nicht direkt mit ihm, sondern wirken lediglich energetisch auf ihn ein.

An der Peripherie des Kausalkörpers (in der Zeichnung der äußerste Randstreifen) befindet sich ein besonderes Schwingungsfeld, das nur noch elektrisch, nicht mehr magnetisch ist, und in dem die am weitesten vorangeschrittenen Kausalbewußtsein sich noch endgültig entwickeln. Hier sind die Polarität und mit ihr die Zeit aufgehoben. In einer für den menschlichen Verstand nicht vorstellbaren Weise sind diese Bewußtsein für die Aufnahme kosmischer Energie durchlässig geworden, sie sind ausschließlich vom göttlichen Geist durchdrungen, sind wie Leuchtpunkte, die nur darauf warten, mit dem universellen

Licht zu verschmelzen. Sie wirken einerseits in dieses elektrische Feld hinein, andererseits strömen ihre Impulse in die Bewußtsein aller feinstofflichen Körper. Sie strahlen aber auch nach außen, und die dabei ausgesandte Energie vereinigt sich mit der Kausalität.

Wenn schließlich alle Kausalbewußtsein sich zur Vollkommenheit entwickelt haben und auch der Kausalkörper sich auflöst, gehen seine Bewußtsein im unendlichen Bewußtsein Gottes auf, werden Teil des universellen Kraftfeldes. Wir können auch sagen: Sie erweitern sich zum allumfassenden, universellen göttlichen Bewußtsein. Oder in der Sprache des Kapitels »Ein Chakra-Lehrgang«: Alle das menschliche Bewußtseinsfeld begrenzenden Absteckungen werden aufgehoben.

Am äußeren Rand dieses elektrischen Schwingungsfeldes liegen die sieben Chakras des Kausalkörpers. Man kann sie kaum noch als Chakras bezeichnen, denn sie sind wie Lichträder, die vom göttlichen Geist selbst, von der kosmischen Urenergie gebildet werden. Wie Saugventile nehmen diese Lichträder den ewigen Geist, den feinsten Äther, auf. Dieser strömt gebündelt wie über Kanäle von goldener Leuchtkraft direkt in die Mentalchakras, in die Lichtpforten an der äußeren Hülle des Mentalkörpers und von dort in die feinstofflichen Bereiche des Mental-, Astral- und Ätherleibs bis in den physischen Körper. Der Mensch nimmt diese göttliche Energie soweit auf und wahr, wie seine Chakras entwickelt sind. Die kosmische Urenergie durchdringt also die verschiedenen Körper des Menschen und macht den Satz verständlich, daß Gott in uns ist und wir in ihm. Das Bild von den Körpern des Menschen ist zugleich eine Analogie des Kosmos. So wie der feinste Äther den Menschen umfängt und durchflutet, umfängt und durchflutet er alles Sein: Es gibt nichts außerhalb von Gott.

Die obersten drei Lichträder oder Pforten (in der oberen Hälfte des elektrischen Schwingungsfeldes eingezeichnet) sind die göttlichen Kanäle, an die jeder Mensch, unabhängig davon, wie er denkt und was er glaubt, angeschlossen ist. Sie stellen die Teilaspekte der kosmischen Urenergie dar, sind die göttlichen Manifestationen von Vater, Sohn und Geist und machen die Göttlichkeit des Menschen aus. Wir bezeichnen sie oft als den unauslöschlichen Funken Gottes im Menschen. Durch sie steht jedes menschliche Wesen, ob es will oder nicht, mit dem Urprinzip, mit Gott, in untrennbarer Verbindung.

Im obersten Lichtrad, dem Scheitelchakra des Kausalkörpers, ist der Sitz der kosmischen Urenergie in ihrem Aspekt Gottvater. Das Stirnchakra entspricht dem Aspekt des Heiligen Geistes. Im Lichtrad des Halschakras ist der Sitz des Christusbewußtseins, des Gottsohn-Aspektes, obwohl Christus, wenn er sich über die innere Stimme direkt einem Menschen offenbart, meist über das Herzzentrum spricht. So sind die obersten drei Energiezentren des menschlichen Kausalkörpers, die jeweils mit den entsprechenden Chakras im Ätherleib korrespondieren, das Spiegelbild der Dreifaltigkeit Gottes.

In der unteren Hälfte des äußersten Schwingungsfeldes verteilt liegen die vier restlichen Pforten, über die die höchstentwickelten Bewußtsein des Kausalkörpers in die Ewigkeit eintreten. Sie sind auch die Pforten, über die die Mentalbewußtsein von Gott gesandter Menschen Verbindung zum göttlichen Geist halten, solange sie sich freiwillig in einem physischen Leben aufhalten.

Die Silberschnur, die alle Körper verbindet, stellt im Kausalleib die Lichtpforte des Christusbewußtseins dar. Dieser Energiefluß, der den Kausal- und Mentalkörper in besonderer Weise energetisch zusammenhält, wird aber auch von allen übrigen feinstofflichen Körpern und Bewußtsein wahrgenommen. Je weiter ein Mensch in seiner Entwicklung voranschreitet, um so aufnahmefähiger wird er für die energetische Ausschüttung des Christusbewußtseins, das sich vor allem in seinem Herz-, Hals-,

Stirn- und Scheitelchakra manifestiert und schließlich auch für den Körper selbst spürbar wird. Die höchstentwickelten Kausalbewußtsein gleichen einer sich selbst verzehrenden Energie, und im wahrsten Sinne des Wortes empfindet der in ihnen noch unerlöste Geist die Sehnsucht nach Gott wie eine Verbrennung, eine Verzehrung nach ihm. Sie sind keines anderen Gedankens mehr fähig, als sich wiederzuvereinen mit dem ewigen, unteilbaren Gott.

An dieser Stelle glaubte ich, die Arbeit an diesem Kapitel beenden zu können, als ich mich noch einmal gedrängt fand, mich einer zusätzlichen Durchgabe zu öffnen, die ich hier anschließe.

Wenn in der vor uns liegenden Zeit die Bahnen der Himmel, das ganze kosmische System in Bewegung geraten, die Pole sich langsam verschieben und die Kräfte der Elemente sämtliche Materie umwälzen, werden die unwissenden Menschen diese gewaltige Reinigung der Erde als Katastrophe bezeichnen. Doch sehr bald wird ihr Hohes Selbst und ihre Verbundenheit mit Gott die Erkenntnis in ihnen gebären, daß diese Geschehnisse Auswirkungen der göttlichen Barmherzigkeit sind, denn damit zieht Gott Grenzen, die den Absturz des Menschen in die Abgründe der Dunkelheit verhindern. So wie Gott vor undenklichen Zeiten erstes Leben mit freiem Willen zuließ, wird er, der Allmächtige, neues Leben mit neuen Entwicklungsmöglichkeiten und Formen entstehen lassen. Die schöpferische Kraft des Geistes wird sich in viel reinerer Form als heute im Menschen des Neuen Zeitalters manifestieren. Die stärkere Einstrahlung der Urzentralsonne auf die Erde und ihre Menschen ermöglicht den Menschen, das einst verlorene Wissen zurückzugewinnen. Die karmisch bedingten Lernprozesse sind dadurch nicht aufgehoben. Karma wird aber nicht mehr über die physische Form, den Körper, abgetragen, sondern in den feinstofflichen Bereichen als schmerzlicher Seelenzustand ausgelitten. Die Übel des materiellen Lebens sind aufgehoben. Es gibt keine Krankheit und keine Häßlichkeit mehr. Durch das höhere Wissen des neuen Menschen steht er nicht mehr blind vor den karmischen Folgen. Er versteht und akzeptiert sie. Er verbirgt sich nicht mehr hinter der Maske der Angst oder des Selbstmitleids, denn er ist durch den Einfluß der göttlichen Barmherzigkeit stark genug geworden, sich ohne Lüge im Spiegel seiner Wirklichkeit zu betrachten. Sein inneres göttliches Wissen hindert ihn daran, seine Schuld anderen zuzuschieben.

Das Scheitel- und das Stirnchakra, die den energetischen Sitz des Geistes bilden, schließen sich beim Menschen des Neuen Zeitalters zu einem Chakra zusammen. Aus ihm heraus wirkt das Christusbewußtsein, das als die manifestierte kosmische Liebe wahrgenommen wird, mit neuartigen Energien in alles Leben hinein. Die Seele ist energetisch im Herzchakra zentriert und schwingt gleichzeitig durch alle feinstofflichen Körper des Menschen. Das Herzchakra, das die heutige Funktion des Halszentrums übernimmt, bildet im Neuen Zeitalter die energetische und bewußtseinsmäßige Brücke zwischen den hohen Geisteskräften und den natürlichen planetarisch-menschlichen Kräften, hält die Verbindung zwischen den umgepolten hohen Frequenzen und allem Leben. Das Halszentrum gleicht als Transformator die Christusenergie schwingungsmäßig allem Bewußtsein an, das feinstoffliche Organ des Herzchakras hingegen macht dem Menschen des Neuen Zeitalters die Seelenklänge, die umgepolten Energien fühl- und hörbar.

Der Körper ist im Neuen Zeitalter dem Sonnengeflecht, dem Milz- und dem Wurzelchakra zugeordnet. Die Frequenz aller Körper des Menschen wie auch der gesamten Natur erhöht sich erheblich. Viele jetzt noch brachliegende Chakras in den feinstofflichen Körpern übernehmen wieder ihre volle Funktion. Die in den Chakras umgewandelten Energien öffnen dem Menschen mehr und mehr die feinstofflichen Sinne. Die Blindheit des Verstandes löst sich auf, und die außersinnliche Wahrnehmung, das Hellsehen, das Hellhören und das Hellfühlen gehören zu seinen selbstverständlichen Fähigkeiten. Er vernimmt in wundervoller Weise wieder die Klänge der Natur und des Universums. Dennoch werden die Lernprozesse nicht leichter sein, da der Mensch seine Verantwortung ohne jedes Ausweichen erkennt und diese deshalb auch größer ist.

In den unteren vier Chakras des Kausalkörpers finden sich die Energien, die den Menschen befähigen, zu allen Bewußtsein in allen Ebenen des Astralbereichs Kontakte herzustellen. Die Astralkörper bereisen diese Sphären, so wie heute die materiellen Körper andere Kontinente. Je nach Entwicklungsstufe – und auch im Neuen Zeitalter wird es Unterschiede geben – haben viele Bewußtsein Zugang zu den Lernbereichen in der Mentalebene. Die bis heute als Nebenchakras entwickelten Zentren an beiden Fußsohlen, in beiden Handflächen und auch das Genickzentrum haben sich nach der Rückkehr von der Bergungsaktion auf den Planeten Erde zu strahlenden Hauptzentren entwickelt. Auch die kleineren Chakras, wie die in den Kniekehlen oder in den Armbeugen sowie die zwei kleinsten an beiden Schläfen, werden zu wichtigen Informationsträgern herangebildet sein.

Wenn ich davon spreche, daß der Mensch des Neuen Zeitalters durch den Bewußtseinssprung mit den Kräften der Elemente umzugehen versteht, Freund ist mit den verantwortlichen Wesen in diesen Bereichen, also einem Sturm Einhalt gebieten kann oder über das Wasser zu gehen vermag, ja gar die Anziehungskraft der Erde überwindet, so haben natürlich zu Beginn dieser Entwicklung nur Auserwählte, also höchstentwickelte Bewußtsein, Zugang zu diesen Energiebahnen, so daß kein Chaos entsteht. Ebenso natürlich ist es, daß der Unterricht in den

Schulen die Schüler gemäß der Entwicklung ihrer Bewußtsein theoretisch und praktisch unterweist. Für eine gewisse Zeit ist die zwischenmenschliche Beziehung ohne Neid und daher wirklich paradiesisch, und der Mensch des Neuen Zeitalters erweist sich der Natur gegenüber würdig und dankbar.

Der Lichtfunke Gottes

Die folgende Durchsage berührte mich mit ihren Schwingungen in besonderer Weise. Als ich sie erhielt – ich hatte etwa die Hälfte der hier veröffentlichten Texte empfangen – beschloß ich spontan, sie als Schlußwort dieses Buches zu nehmen.

ICH BIN namenlos. ICH BIN Liebe, Licht und Frieden. Meine Wirkung in den Seelenbewußtsein aller Wesen ist das Sehnen nach Gott.

ICH BIN keine Person, ICH BIN Liebe, Licht und Frieden. ICH BIN eine Schwingung, die in allen Menschen unabhängig von Religion oder Rasse das Sehnen nach Gott erhält. ICH BIN Teil des kollektiven geistigen Bewußtseins. Viele nennen mich den Funken Gottes.

ICH BIN in Wahrheit die Auswirkung der Liebe Gottes, die Schwingung, die wie ein Harfenton die Saiten im menschlichen Empfinden erklingen läßt. ICH BIN die Vibration in allem Sein. Keine Energie, keine Macht, auch nicht die dunkelste, vermag es, meine Schwingung zu stören.

ICH BIN der Ausdruck der göttlichen Hoffnung, und auch in den dunkelsten Bewußtsein erklingt mein Ton. ICH BIN der Lebensfunke, den Gott ausgesandt hat. ICH BIN das ewige Licht, und es gibt keine Finsternis, die nicht in einem winzigen Winkel dieses Licht schwingungsmäßig erfährt.

ICH BIN die Melodie der Hoffnung. ICH BIN die unversiegbare Quelle der Liebe. ICH BIN die Hand, die alle auffängt.

ICH BIN Licht, ICH BIN Liebe, ICH BIN Hoffnung. Dadurch, daß ich in allen bin, sind alle Licht, sind alle Liebe, sind alle Hoffnung. Auch wenn die dunkelsten Mächte des Verstandes mich einzukerkern versuchen, strahle ich hinein in die Wesen, in die Bewußtsein, und hebe sie empor wie Kelche. Meine Schwingung trägt ihre Opfergaben den höchstentwickelten Bewußtsein zu. Diese Liebe und dieses Licht ergießen sich, solange Entwicklung dauert, in alle Bewußtsein.

ICH BIN LICHT.

ICH BIN LIEBE.

ICH BIN HOFFNUNG.

Eine Ankündigung

Eine deutsche Freundin machte mich Ende des Jahres 1991 darauf aufmerksam, daß in meiner Nähe eine vielgelesene Buchautorin namens Silvia Wallimann wohne. Meine Freundin wollte mir zu Weihnachten eines der Bücher schenken. Deshalb gab sie mir telefonisch die Buchtitel durch. Ich sollte wählen. Ohne zu überlegen wünschte ich mir »Die Umpolung«, hatte ich mich doch seit mehr als fünfzig Jahren mit diesem heranrückenden Geschehen beschäftigt. Schon in früher Jugend war mein Leitsatz gewesen: »Geist muß verleiblicht, Leib vergeistigt werden.«

Ende Januar 1992 erreichte mich das Weihnachtsgeschenk, und sofort begann ich zu lesen. Mein Erstaunen nahm kein Ende; denn da fand ich, für alle Menschen lesbar niedergeschrieben, was ich als inneres Wissen ahnungsvoll in mein Erdenleben mit hineingenommen und so lange verschwiegen hatte. Gewissermaßen in einem Atemzug las ich das Buch und schrieb einen Brief an Silvia Wallimann. Ich gab ihr einen kurzen Lebensbericht und fragte sie, ob sie sich eine Form der Zusammenarbeit vorstellen könnte. Silvia Wallimann, die gewohnterweise ihrer Sekretärin die Antwortschreiben diktiert, nahm meinen Brief spontan zur Seite und beantwortete ihn handschriftlich. Zu meiner großen Freude schlug sie mir einen Termin für ein Treffen nach Pfingsten vor. »Wenn es der richtige Zeitpunkt ist, werden wir beide frei sein.« Das waren wir auch. Silvia Wallimann kam zu mir, wir liebten uns beim ersten Augenblick, fanden ohne weitere Worte das einzig zu uns gehörende »Du« und staunten über unsere mühelose Übereinstimmung in allen geistigen und menschlichen Fragen.

Bald darauf war ich zu Besuch bei ihr. Sie gab mir offen Einblick in ihr Leben, und – was sie nicht einmal nahen Freunden gewährt – sie zeigte mir auch das Häuschen, in das sie sich zu ihren Schreibarbeiten zurückzuziehen pflegt. Danach entwickelte sich in Windeseile eine tiefschürfende Korrespondenz zwischen uns, und es dauerte nicht lange, bis Silvia Wallimann von ihren geistigen Helfern die Mitteilung über etwas erhielt, das ich bereits in mir fühlte: Wir sind Dualseelen. Wunderbarerweise wurden uns sogleich unsere geistigen Namen mitgeteilt, was eine große Hilfe auf dem Weg zur Entpersönlichung darstellt. Diese ist die wesentliche Voraussetzung dafür, daß zwei Seelenhälften, von manchen auch Geschwisterseelen genannt, zu einer Dualseele zusammenwachsen können.

Jeder Mensch hat irgendwo, meist in geistigen Welten, seine wahre seelische Ergänzung. Insgeheim ist er sich dessen auch bewußt, bleibt doch in allen menschlichen Liebesbeziehungen das Sehnen nach der Einheit im tiefsten Innern ungestillt – bis schließlich die Entwicklung so weit gediehen ist, daß zwei Seelenteile wieder zu einem Ganzen werden. Hinzufügen will ich noch, daß es keine Rolle spielt, ob Geschwisterseelen als Mann oder als Frau verkörpert sind, und daß die Dualliebe nicht zu verwechseln ist mit der geschlechtlichen Liebe. Wenn zwei Seelenanteile sich zusammenschließen, um als *eine* Seele in die göttliche Einheit einzutauchen, lösen sich alle Polaritäten, auch die geschlechtliche, auf.

Nachdem es Silvia Wallimann und mir beschieden ist, in menschlicher Verkörperung, im Hier und Jetzt, dieses höchste Ziel des Seelenverbundes zu erreichen, läuft wahrlich ein Prozeß an, der einer völligen Umpolung entspricht. Wie wir heute wissen, haben wir uns in der geistigen Welt darauf eingestimmt, daß ich mein Dual lange nach mir ins Erdenleben rufen und es suchen werde. Wenn ich es aufgrund eines liebevollen Vorlebens finden würde, begänne eine Zeit großer Hilfen für die Erdenmenschen.

Die Umpolung der Menschheit ist jener Prozeß, der die jahrtausendelange äußere Führung nach innen verlegt, in des Menschen ureigenes Fühlen und Verantworten. Die inneren Fähigkeiten können nur im Dienst der Einheit des Lebens gedeihen. Hier ist eine Brücke zur Dualseele erkennbar: Diese kann überhaupt nicht sein, wenn sie nicht der göttlichen Einheit dient. Daß wir uns als Seelendual erkannt haben, hat wohl den tieferen Sinn, daß wir in der Zeit der Umpolung ein lebendiges Beispiel zu geben haben. Das nächste Buch von Silvia Wallimann wird eine Enthüllung des Aufrufs sein, den wir empfangen haben.

Dagmar Dietz

Register

216

218

Bücher von Silvia Wallimann
im Verlag Hermann Bauer

Lichtpunkt
Aufschlüsse über bewußtes Leben
und Sterben durch mediales Hellsehen
6. Auflage, 123 Seiten mit 1 s/w-Abbildung; gebunden
ISBN 3-7626-0310-3

Brücke ins Licht
Ein Ratgeber für das Leben
und das Leben danach
5. Auflage, 176 Seiten mit 1 Farbtafel und 5 s/w-Zeichnungen;
gebunden
ISBN 3-7626-0309-X

Das Wunder der Meditation
5. Auflage, 281 Seiten mit 1 Farbtafel und 7 s/w-Zeichnungen;
gebunden;
ISBN 3-7626-0330-8

Die Umpolung
Vom Materiellen zum Geistigen
5. Auflage, 244 Seiten mit 10 Farbtafeln; gebunden
ISBN 3-7626-0361-8

Mit Engeln beten
5. Auflage, 345 Seiten mit 2 Farbtafeln und 2 s/w-Zeichnungen
gebunden;
ISBN 3-7626-0390-1

Erwache in Gott
3. Auflage, 287 Seiten; gebunden
ISBN 3-7626-0457-6

Harmonie für Körper, Geist und Seele
durch Meditationen mit Silvia Wallimann

Harmonie und innerer Frieden
Tonkassette mit 46 Minuten Spieldauer;
Best.-Nr. 8540

In Verbindung mit der geistigen Führung
Tonkassette mit 46 Minuten Spieldauer;
Best.-Nr. 8541

Ganzheitliche Harmonisierung
Tonkassette mit 70 Minuten Spieldauer;
Best.-Nr. MC 8574; CD 8577

Chakra-Meditationen
2 Tonkassetten mit je 55 Minuten Spieldauer;
Best.-Nr. 8608

Morgen- und Abendmeditationen
Zum Aufwachen und Einschlafen
Tonkassette mit 41 Minuten Spieldauer;
Best.-Nr. 8603

Verlag Hermann Bauer · Freiburg im Breisgau

Zu den Chakra-Abbildungen

Die Chakras wurden vom Künstler mit Hilfe der geistigen Welt medial gezeichnet. Sie haben einen Durchmesser von ungefähr 12 cm. Das entspricht der Originalgröße von Energiezentren bei einem durchschnittlich entwickelten Menschen von heute. Im Scheitel-, Stirn- und Halschakra zeigt sich, wie der Mensch des Neuen Zeitalters auf die kommenden Veränderungen vorbereitet wird. Durch ihre Farben und Ausdrucksformen heben sie sich im Gegensatz zu früheren Jahren bereits deutlich von den vier unteren, stärker erdbezogenen Chakras ab, die noch die herrschende materialistische Denkweise spiegeln.

Die drei oberen Chakras weisen eine erhöhte Schwingungsfrequenz auf. Dies entspricht dem tatsächlichen Zustand, wie er sich heute bei einem durchschnittlichen Menschen findet, der sich den neuen Entwicklungen ein kleines bißchen geöffnet hat, oder anders gesagt: dessen höhere Bewußtsein eben gerade erwacht sind – als Folge der verstärkten kosmischen Einstrahlung, die mit dem Eintritt in das Wassermann-Zeitalter eingesetzt hat. Die inneren Veränderungen, die ja auch von vielen Menschen schon empfunden werden, drücken sich in den wunderschönen Farbnuancen und der harmonischen Struktur von Scheitel-, Stirn- und Halschakra aus. Die Einwirkung des göttlichen Geistes und die vermehrte Einstrahlung vieler höherentwickelter Bewußtsein manifestiert sich im Schwingungsbereich dieser drei Zentren, dem Bereich der Einwirkung des göttlichen Urprinzips.
In den unteren vier Chakras, die den vier Elementen entsprechen, sind die Blätter noch stärker voneinander getrennt. Trotzdem fließen die

Energien ineinander. Die sich noch ständig verstärkende kosmische Einstrahlung wird auch diesen Chakras künftig ganz neue Energien zuführen. Die Gesamteinstrahlung wird schließlich die Struktur aller Körper verändern, und wir werden die Kraft des Gedankens Gottes in noch unvorstellbarer Weise aufnehmen.

Unsere geistigen Zentren (Chakras)

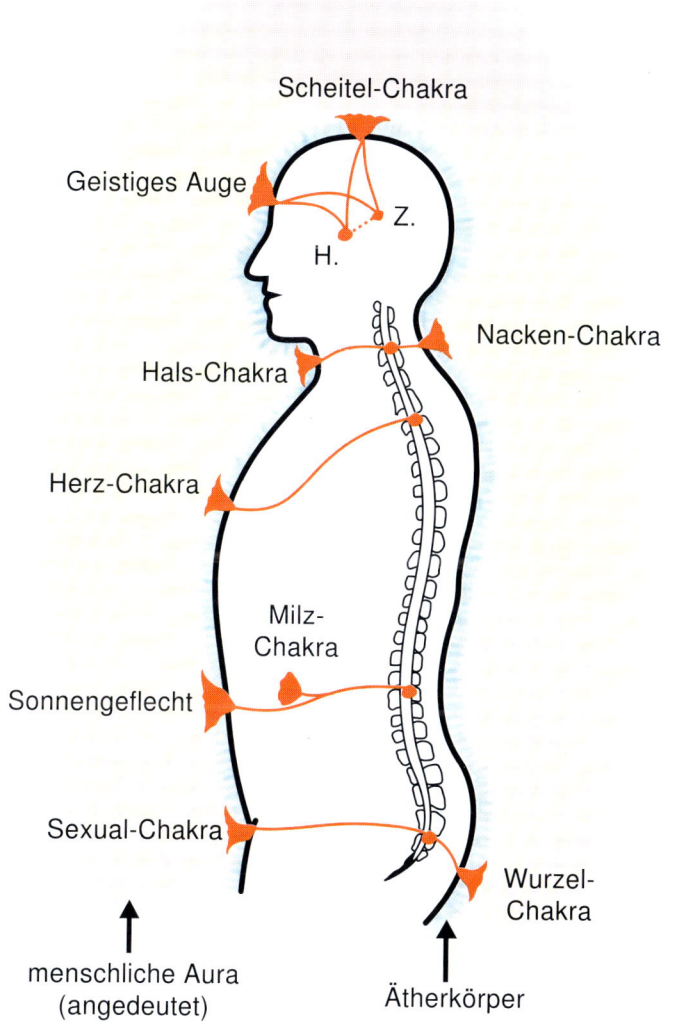

Scheitel-Chakra

Geistiges Auge

Z.

H.

Nacken-Chakra

Hals-Chakra

Herz-Chakra

Milz-
Chakra

Sonnengeflecht

Sexual-Chakra

Wurzel-
Chakra

menschliche Aura
(angedeutet)

Ätherkörper

H. = Hypophyse
Z. = Zirbeldrüse
● = Energiepforte

Die Körper des Menschen

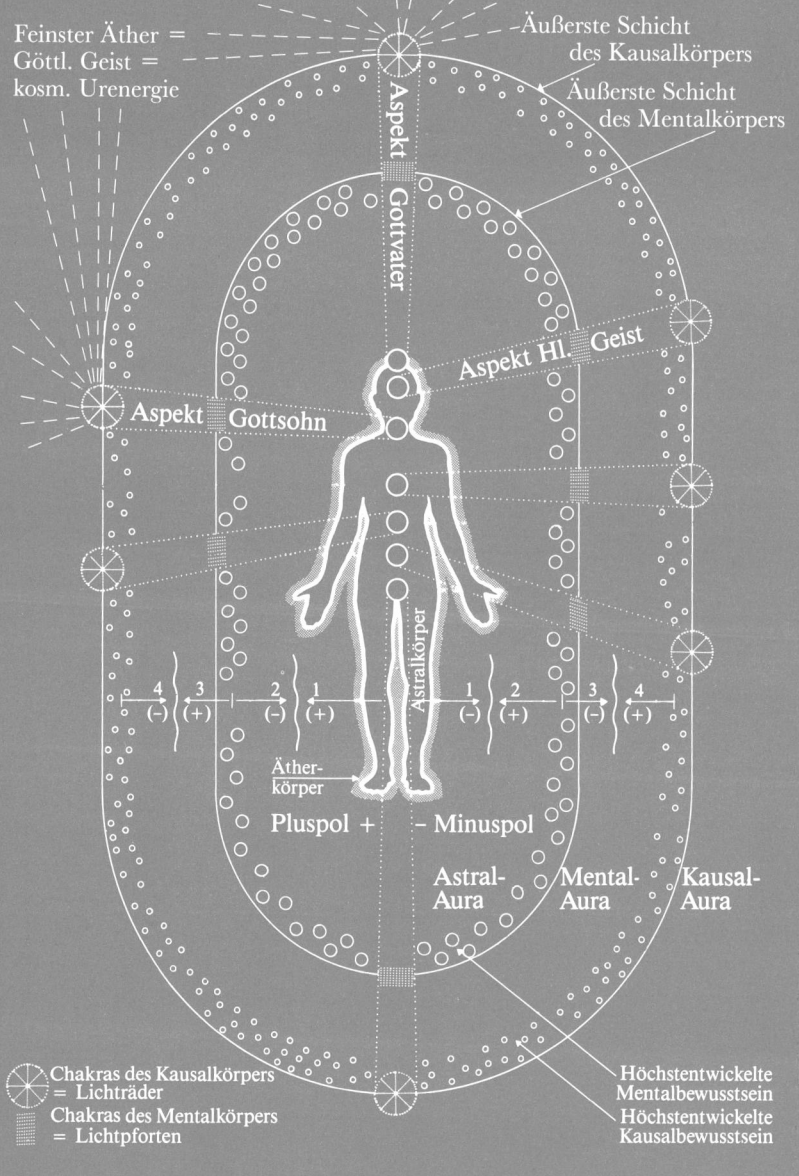

Feinster Äther =
Göttl. Geist =
kosm. Urenergie

Äußerste Schicht
des Kausalkörpers

Äußerste Schicht
des Mentalkörpers

Aspekt Gottvater

Aspekt Hl. Geist

Aspekt Gottsohn

Astralkörper

4 (−) 3 (+) 2 (−) 1 (+)   1 (−) 2 (+) 3 (−) 4 (+)

Äther-
körper

Pluspol +   − Minuspol

Astral-
Aura

Mental-
Aura

Kausal-
Aura

⊕ Chakras des Kausalkörpers
= Lichträder

▦ Chakras des Mentalkörpers
= Lichtpforten

Höchstentwickelte
Mentalbewusstsein
Höchstentwickelte
Kausalbewusstsein

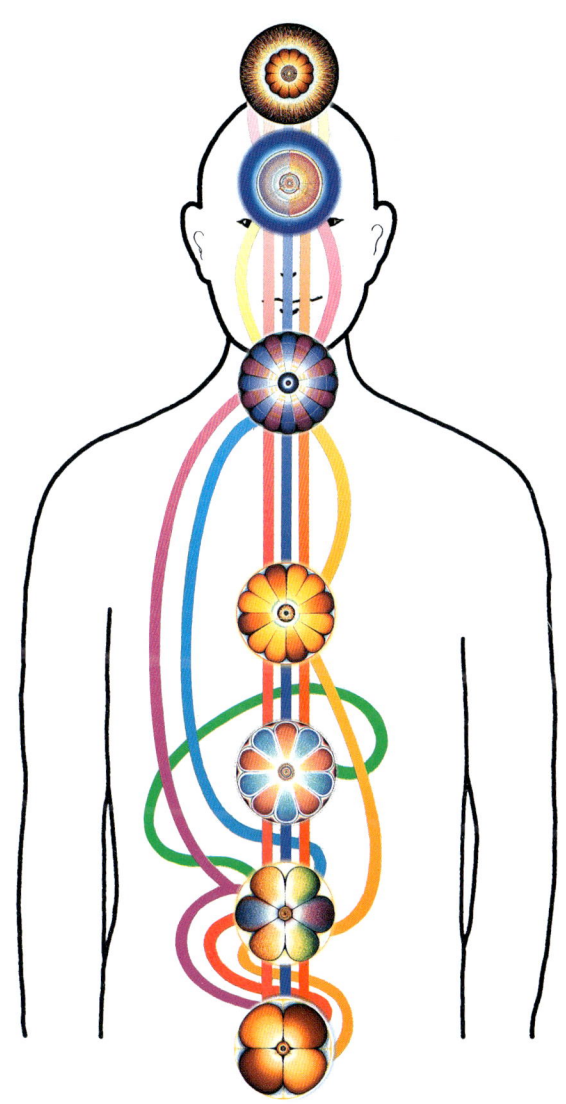

Der feinstoffliche Kreislauf

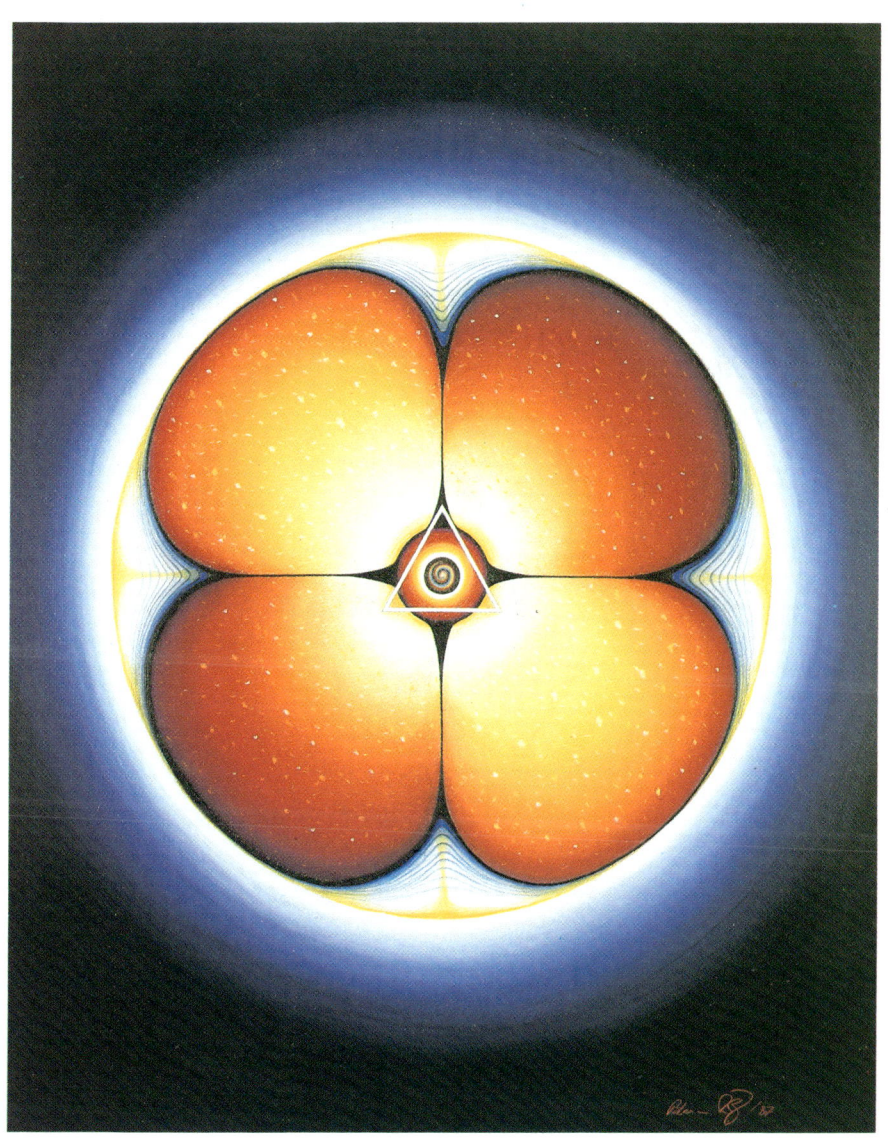

Wurzelchakra

Milzchakra

Sonnengeflecht

Herzchakra

Halschakra

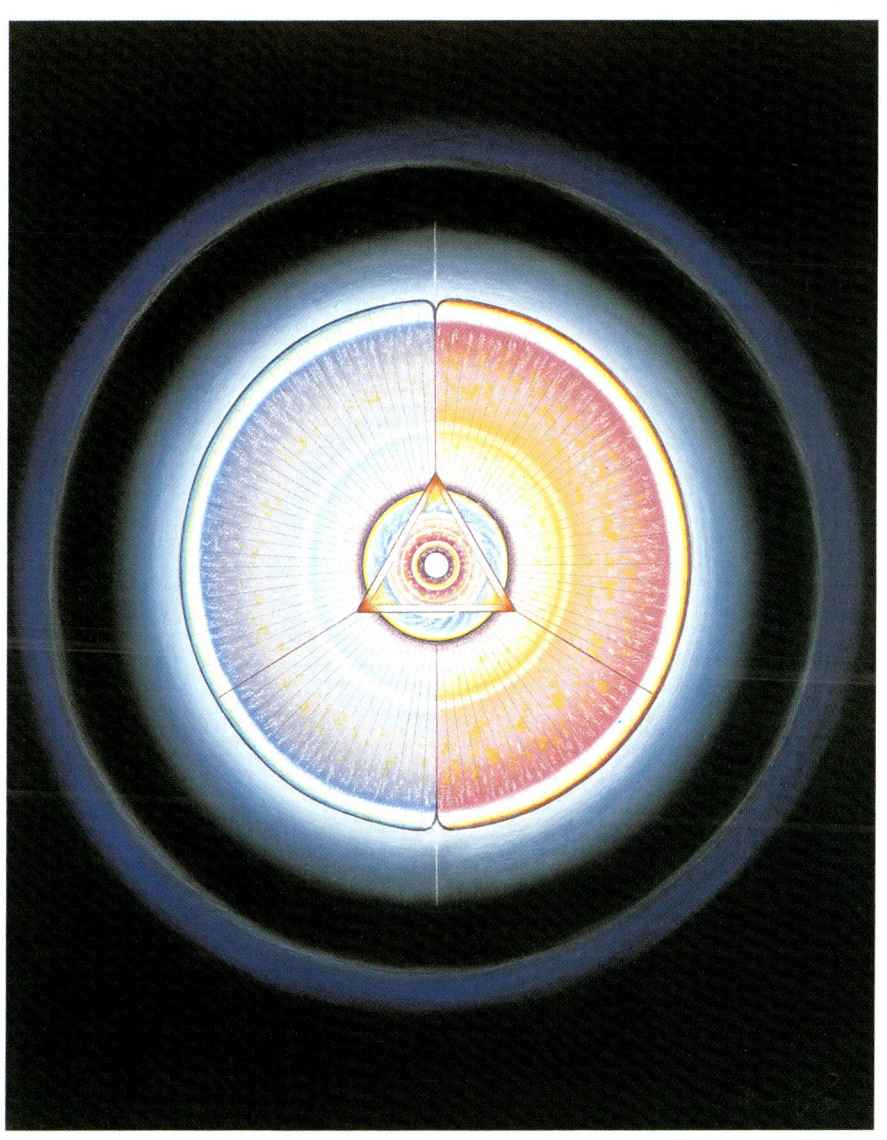

Stirnchakra

Scheitelchakra